副業をはじめたいんですけど、税金ってどうしたらいいですか？

個人事業主・
確定申告専門税理士
福島宏和

東洋経済新報社

はじめに

はじめまして、税理士の福島宏和です。

私は２００９年に独立してから13年間、**個人事業主専門税理士として累計１３００件以上、確定申告のお手伝いをしてきました**。

２０１０年から副業についての税務相談・確定申告書作成の依頼も受けるようになり、これまで**２００名以上の副業をしている方にアドバイスをしています**。

この本は、**副業をしている、もしくは副業に興味を持っているけれど、税金や確定申告について悩みや不安を抱えている、そんなあなたのために書いた本**です。

副業をしている方は、本業だけでも忙しいことが多いです。そんな中、さらにがんばって副業をされているわけですから、税金の勉強にたくさんの時間はかけられませんよね。

税金の知識を持たず副業にチャレンジする人が陥りがちな「2つの損」

でも、副業をしている、あるいは副業に興味を持っている方にとって、**税金のことをしっかり理解しておくことは、じつはとっても大切**なんです。

というのも、税金の知識がまったくないと、**「2つの損」**をしてしまう可能性が高いのです。

ひとつめの損は、**「お金の損」**です。

税理士としてよく相談を受けるのが、「先に知っておけば損をしなかったのに、今からでは間に合わない」という事例です。

たとえば、「青色申告」を知らず、その申請が遅れてしまうと、それだけで10万円以上余計に税金がかかってしまう場合があります。

「経費」も、知らないと損してしまうことが多いトピックです。本書の中で詳しくご説明しますが、自宅で副業をしている方であれば、家賃や光熱費も経費になることがあります。

もうひとつの損は、**「時間の損」**です。

毎年確定申告の時期になると、あわてて一年分の作業をしている方が多くいらっしゃいます。

もちろんそれでも申告すること自体はできますが、どうしても前もって準備をされていた方とくらべて時間がかかってしまいます。確定申告のための作業で数日間かかってしまい、本業や副業に支障がでることもあります。

逆に、右も左もわからないまま、税金の勉強に労力をかけすぎて、かえって本業や副業がおろそかになってしまうパターンもあります。

しかも、その勉強が役に立つのであればまだいいのですが、じつは副業をするだけなら知る必要のないマニアックな知識だった、なんてこともあるんです。

収入別に必要なことを必要なだけ学んで、効率よく「2つの損」をゼロにする

本書を読めば、**こうした「2つの損」をゼロにできる**ようになっています。

本書のいちばんの特徴は、**副業による収入の伸びに応じた構成**になっていることです。

STEP0　副業の収入がまったく入っていない月収0円～
STEP1　少額だけど確実に収入が入ってきた月収1000円～
STEP2　だんだんと軌道にのりはじめた月収2万円～
STEP3　副業だけで生活できるほどの収入が視野に入るようになった月収20万円～

このような月収別の構成にすることで、**「そのとき本当に必要な知識」を効率よく短時間で学べる**ように工夫しました。そうすることで、**「お金の損」と「時間の損」を同時に減らせます。**

まずはご自身の段階に合ったSTEPを読んでみてください。現状より先の話は、その時がやってくるまで読まなくてもいいですし、将来どんなことがあるのかを先にサラッと見ておくのも参考になると思います。

また、巻末付録として、STEPごとにやるべきことのチェックシートもご用意しましたので、ぜひご活用ください。

さらに、より詳しく知りたいという方のために、STEP1〜3の末尾にコラムとして発展的な内容を解説しています。

税金の話に加えて、本当は税金以上に大切な、副業をするうえでの心構えも随所に記載しました。

副業に取り組むあなたのための本

じつは、私自身も副業から税理士のキャリアをスタートさせました。そのため、副業の悩みや辛さ、不安が身にしみてわかります。それらに加えて、副業という新しいチャレンジへのワクワクもはっきり覚えています。

自分自身の副業経験を思い出しながら、**副業に取り組むあなたに寄り添った本当にためになる書籍**を目標に、本書を執筆しました。

副業という視点から、税金についてここまで丁寧にわかりやすく解説した書籍は他に類を見ないと思っています。

税金というと、もしかしたらそれだけで堅苦しく難しい、という印象があるかもしれません。そうした印象を持たれる方にも読みやすいように、本書は物語仕立てで書かれています。まったく税金の知識がないまま副業をはじめた、あるひとりの会社員。彼女は私との会話をとおして、どんどん成長していきます。

それではさっそく、この物語の主人公、「しおりさん」に登場していただきましょう。

CONTENTS

STEP 1

月収1000円 副業で利益が出たら、やらなきゃいけないのはたったこれだけ！

STEP 2 月収2万円 副業が軌道にのってきたら、賢く抜け目なく「損」を減らそう

STEP 3

月収20万円「ついに独立！」の前に一度立ち止まろう

プロローグ

みなさま、はじめまして。私は普通の会社員、しおりです。

もうちょっと収入が増えたらうれしいな、と、**副業**として動画の配信をはじめてみようと思っています。

まだぜんぜん収入にはならないけど、動画をつくるのはけっこう楽しい。

これで、たくさん収入が得られたら、いつかは会社をやめて、動画配信で暮らすのも幸せかも！

でも……。

副業っていろいろ気をつける必要があるのかな。

幸い、自分の勤めている会社は副業禁止ではないけれど、積極的にはバレたくないし。


ずっと会社員だったから、**税金**とか**経費**もよくわからないし、もしかしてあの「**確定申告**」もやらなくちゃいけないのかな。

近ごろ話題の「**インボイス制度**」も関係あったりして……。


いやぁぁ！　税金とか申告とか、口にするだけで不安になる！　どこからどうやって調べたらいいのか……。

うーん、だれか詳しい人に教えてもらいたいなぁ……。


でも、だれに聞いたらいいんだろう？

税金だから、税務署？　でもなんか怖そう。じゃあ税理士かな？

私みたいに、**税金のことなんてまったくわからないまま副業をはじめた人とか、副業に興味がある人**に、やさしく教えてくれるような税理士の先生、どこかにいないかなぁ……。

ん？　この税理士、あまり怖くなさそうだな。

個人事業主・確定申告専門税理士　福島宏和（ふくしま・ひろかず）

日本初の個人事業主専門確定申告代行サービスを提供（広島から全国対応）。累計申告数１３００件以上。

１９７６年群馬県生まれ。２００９年独立開業。

「税理士は敷居が高い」「税理士は自分で帳簿記入できない人は相手にしない」といった先入観をなくすことをモットーに、読者やお客様に寄り添ったわかりやすい説明と、お客様のメンドウな作業を最小にできるような工夫を行っている。

現在は確定申告に加えて、フリーランスなどの資金繰り、利益の計画管理、コーチングによる課題発見・解決を通じて「本業に専念できる環境づくり」に貢献している。

著書に『フリーランス・個人事業の絶対トクする！　経費と節税』（ダイヤモンド社）、『これって経費になりますか？』（税務経理協会）がある。

個人事業主・確定申告専門って、私にピッタリだ！

この人なら、私のわからないことを**丁寧にわかりやすく**教えてくれそう！

よし、連絡してみよう！

STEP 0

月収 0 円

「副業をはじめる!」と決めたら、肝に命じる3原則

税金を気にする前の、大事な話

副業をはじめようと思っているしおりさん、税理士の福島先生のところへ相談に行く。

よろしくお願いします。

こちらこそよろしくお願いします。さっそくですが、しおりさん。送ってくれたメールによると、これから副業をはじめるそうですね。

はい！　それで税金とかいろいろあるかと思って相談に来ました。

なるほど。もう一度確認しますが、これから副業をはじめるってことは、まだ利益は出ていませんね？

はい！

あぁ、そうですか……（頭をかかえる）。

なにかマズいこと言いましたか？

しおりさん、ハッキリ言いますね。今日は税金の話、しません！

えええええ!?　せっかく税理士の先生のところに来たのに……。

べつにイジワルをしてるわけじゃないですよ。

あ、そうなんですね。よかった！

では、気を取り直して。今日は**税金を気にする前に大事な話**をします。副業をはじめるにあたって、最初にしっかりとおさえていただきたいポイントが3つあります。

副業をはじめる前におさえておきたい3つのポイント

- **なんのために副業をするか？**
- **「出ていくお金」より「入ってくるお金」が重要**
- **会社員と経営者（個人事業主）では、収入の意味合いが違う**

うわぁ、なんか難しそう。

大丈夫です！　これからひとつずつゆっくりお伝えしますからね。

副業するのはなんのため？

それではしおりさん、最初にお聞きします。しおりさんはなんのために副業をしたいと思ったのですか？

改めて聞かれると、なんだろう……。

副業をする人にはさまざまなタイプがいます。たとえば……

副業をはじめる主な理由

① 本業だけでは足りない収入を補いたい
② 好きなこと（趣味の延長）をやったうえでお金がもらえたら、さらにうれしい
③ 新しいスキルを身につける延長で収入を増やしたい

他にもいろいろあるかと思いますが、どれに近いですか？

うーん、②と③の中間かなぁ。

ということは「なにがなんでもいますぐ収入を増やしたい」というのとは違いますか？

そうですね。もちろん収入が増えればうれしいけれど、いきなりドカンとは増えないと思うので。

たしかに、いきなり収入がドカンと増えたら苦労はないですよね。とはいえ、「たんなる趣味」とも違うのですね？

違います！

どんなふうに違いますか？

いまの仕事とは違う、自分らしさというか、自分の好きなことをもっと得意なことにして、できることなら独立したいんです。

いいですね〜。将来的にはお勤め先をやめて自分の事業で生活していきたいのですね。

いまは「できたらいいな」くらいの気持ちなんですけど……。

いまの正直な気持ちを教えてくれてありがとうございます。じつはしおりさん、重要なことを言っています。**副業ってなんのためにやるかがブレやすい**んです。多くの方は本業の収入でそこそこ生活できるし、なによりその本業で忙しいので、挫折しやすいんです。

そう言われるとたしかにそうですね……。

それが悪いわけじゃないのですが、せっかくやるなら、結果を出したいですよね？　ですので、**まずは「なんのための副業か」をハッキリさせることが大事**です。そして、しおりさんはこれをすでに言っているのです。

そうか！　**「自分の好きなことをもっと得意なことにして独立する」**ですね？

そのとおりです！

「出ていくお金」より「入ってくるお金」が大切

これから副業をはじめるにあたって、ひとつ目のポイントが終わりました。

なんのための副業か、ですね。

2つ目は、**お金の話**です。経営者のお金の話といったら、どんなことを思い浮かべますか？

うーん、税金ですか？

今日はまだ税金までいきません。

そうだった。じゃあ、**売上**ですか？

そのとおり！　では質問です。しおりさんは、なにによって売上をあげますか？

ＯＵＲＴＵＢＥで子ども向けのお勉強動画をアップして、収入を得たいと思っています。

なるほど。では、まず月収10万円を目指してください。お勉強動画を入口に、バックエンドとなる商品開発もしましょう！

将来的にはそういう方向に進みたいです。

いいですね〜。この話のポイントはなんだかわかりましたか？

先生は、アタマの中を整理してくれる！

そうそう、私は税金のことを教えるだけじゃなく……いや、そうじゃなくて！

じゃあ、**「まずは税金より売上を気にする」**ですか？

そのとおり！　言葉にすると「なんだよ」って思うかもしれませんが、そういうことです。税金について気にするのはいいのですが、じつは**最初は売上を伸ばすことがいちばん大事**です。

では、税金のことはまったくなにも気にしなくていいのですか？

さすがになにも気にしなくてもいい、とは言い切れなくて、段階ごとに最低限おさえておくべきポイントはあります。

会社員と事業主では、「入ってくるお金」は同じでも「自由に使えるお金」が違う

最初の段階では、**会社員と経営者における収入が持つ意味の違いを知っておくことが大事**ですね。

経営者っていうとなんかハードル高いですね。大きな会社の社長みたいなイメージです。

意味合い的には同じなのですが、経営者という言葉が自分ごととしてイメージしづらければ、個人事業主とか、たんに事業主といってもいいですね。

事業主って言い方のほうが身近な気がします。

ＯＫ、ではここからは会社員とは違うという意味で「事業主」という言葉で進めますね。まず、事業主として確実におさえてほしいポイントは、**「売上と利益の関係」**です。

言われてみると、売上とか利益ってゴッチャになりそうですね。

まずは会社員のお金の流れを見てみましょう。しおりさん、自分の収入といったら、この図（図０-１）のどこをイメージしますか？

図0−1　会社員のお金の流れ

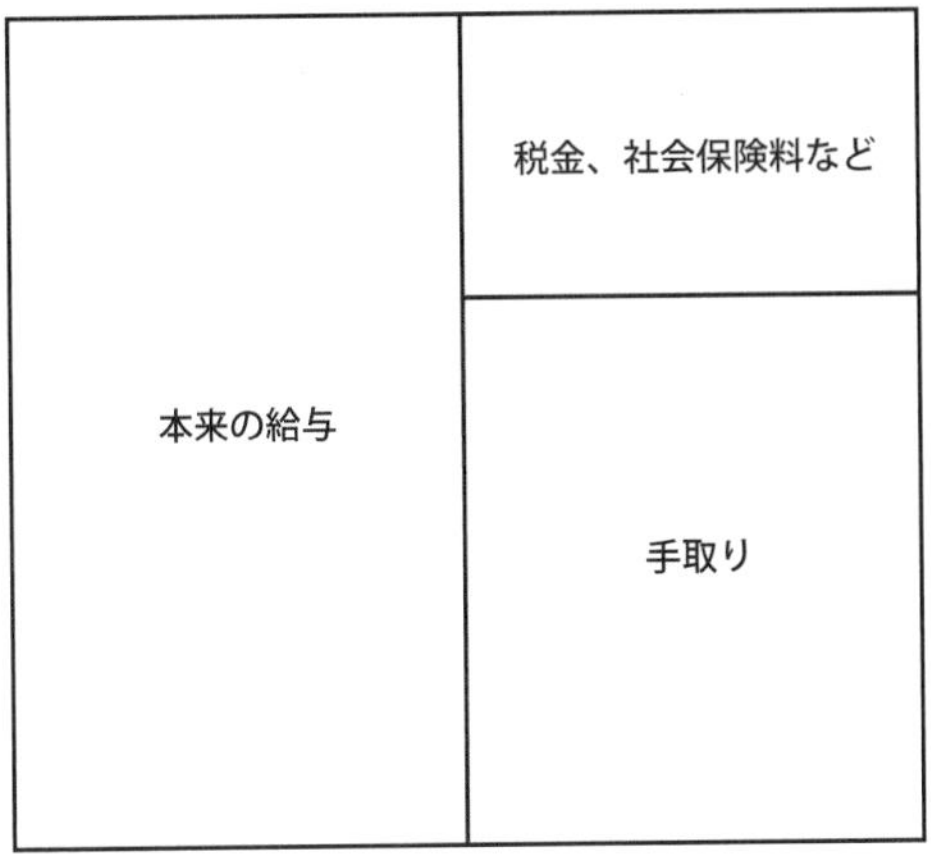

手取りの部分です。

そうですね。**会社員の場合、本来の給与から税金や社会保険料を引いた金額をもらいますので、手取りでどのように生活するかを考えます**ね。ついでに言うと、月収と聞かれたときにどの部分をイメージしますか？

これも手取り……ですね。

じつは月収という言葉は複雑なので詳しい説明は省略しますが、月収といったら、本来の給与の部分です。なので、月収と手取りは少し違うんです。ところが、事業主になると、この構造が変わります。図0-2を見てみましょう。まず売上は、お客様からいただくお金です。一方で、

図0−2　事業主のお金の流れ

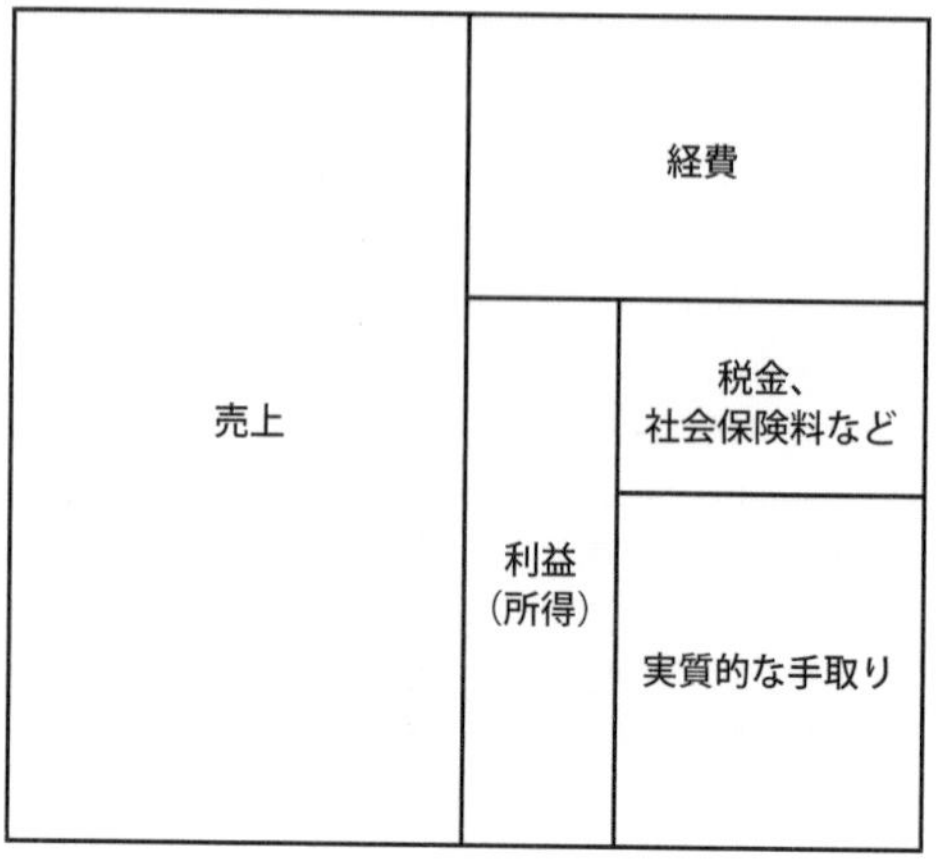

売上をあげるには、いろいろなものを負担しなければなりません。ＯＵＲＴＵＢＥで動画投稿を行うのであれば、ネットの使用料とか、動画作成に必要なソフトとかですね。これらがいわゆる経費になります。

なるほど。ちなみに読者のみなさんにとって、この本の購入代金も経費ですか？

はい、経費です！

ということですので、立ち読みしているみんな〜、いますぐこの本を持ってレジへ行こうね〜。

宣伝ありがとうございます。では、続きを見ていきましょう。

売上から経費を引いた部分が利益ですね。

そのとおりです。ちなみに、**利益のことを所得ともいいます**。これを覚えておくと、後々理解しやすくなりますので、いまのうちにおさえておいてくださいね。さらにこの利益（＝所得）から税金や社会保険料を支払うのですが、会社員との違いはわかりますか？

うーん、さっきの図より細かいことはわかるのですが、具体的になにが違うのかまではあまりピンと来ていないです。

それでは、もう一度図0-1を見てみましょう。しおりさんが最初にお金として受け取る部分はどこですか？

手取りの部分です。

一方、図0-2の事業主の場合はどうでしょう？

今度は……売上ですか？

そのとおり！　つまり、売上も自分で受け取り、経費も自分で支払っています。同じように、税金や社会保険料も自分で支払います。**会社員の場合は、すでに税金や社会保険料が引かれたあとの金額が手取りとなりますが、事業主になると、利益の中から税金や社会保険料を支払うようになる**ので、その分のお金を残しておく必要があります。

なるほど。

これがあとでジワジワと来ますよ。

え？　なんか怖い……。

いまのところは、そういう感じなのね、くらいでいいですよ。そして、**利益から税金・社会保険料を支払ったあとが、実質的な手取りとなります。**

確定申告は「利益にかかる税金」

先生、さっき「利益＝所得」って言いましたけど、これでどんなことがわかりやすくなるんですか？

しおりさんが最初にする税金の申告は、よく**「確定申告」**といわれますが、これは**所得税という税金の申告**なんですね。ここで「利益＝所得」ということをあてはめると、どうなりますか？

所得、つまり利益に関する税金ということですか？

そうです。具体的にはもう少しいろいろあるので、あとで詳しく説明しますね。

図0−3　赤字の場合のお金の流れ

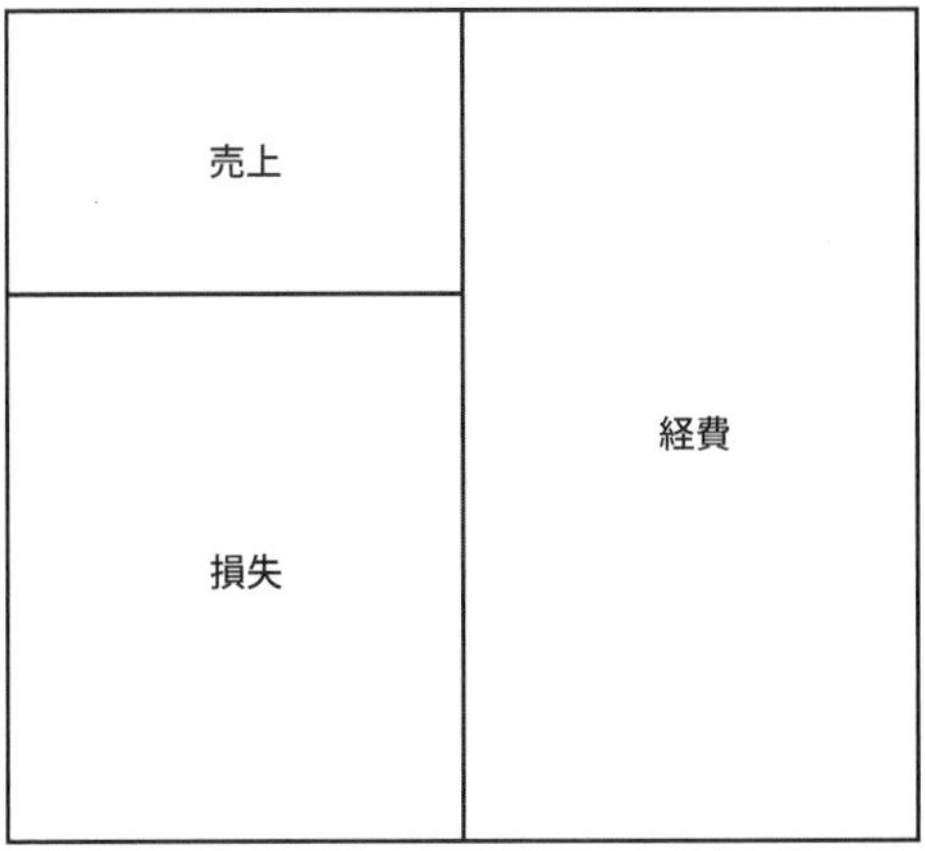

はい。ところで、この利益が1円でも出たら、確定申告をしないといけないのですか？

所得税の場合は少し違います。STEP1でもお話ししますが、**会社員の副業の場合、所得税の確定申告は年間の利益が20万円を超える場合に必要**になります。

副業をはじめたら「即」やっておくべき3つのこと

そういえば、図0−2では利益が出るようになっていましたが、実際は赤字になることもありますよね？

そうです。わざわざ図に書かなくてもい

いと思いますが、念のため（図0-3）。

今度は左下に損失となっていますね。

売上より経費のほうが多いと、あたりまえですが損失となります。

あまり見たくないですね……。

ですね。でも実際はこういう時期を通ることが多いです。

この時期でも、税金に関係してやっておくことはありますか？

はい、大きく3つありますので、ひとつずつ見ていきましょう。

副業の最初期にやっておくべき3つのこと

①売上と経費を把握する
②売上・支払いの記録を残す
③事業専用の通帳・カードを決める

①売上と経費を把握する

まずは自分の場合の図0-2や図0-3をつくることです。

図0−4　大雑把にお金の流れをつかむ

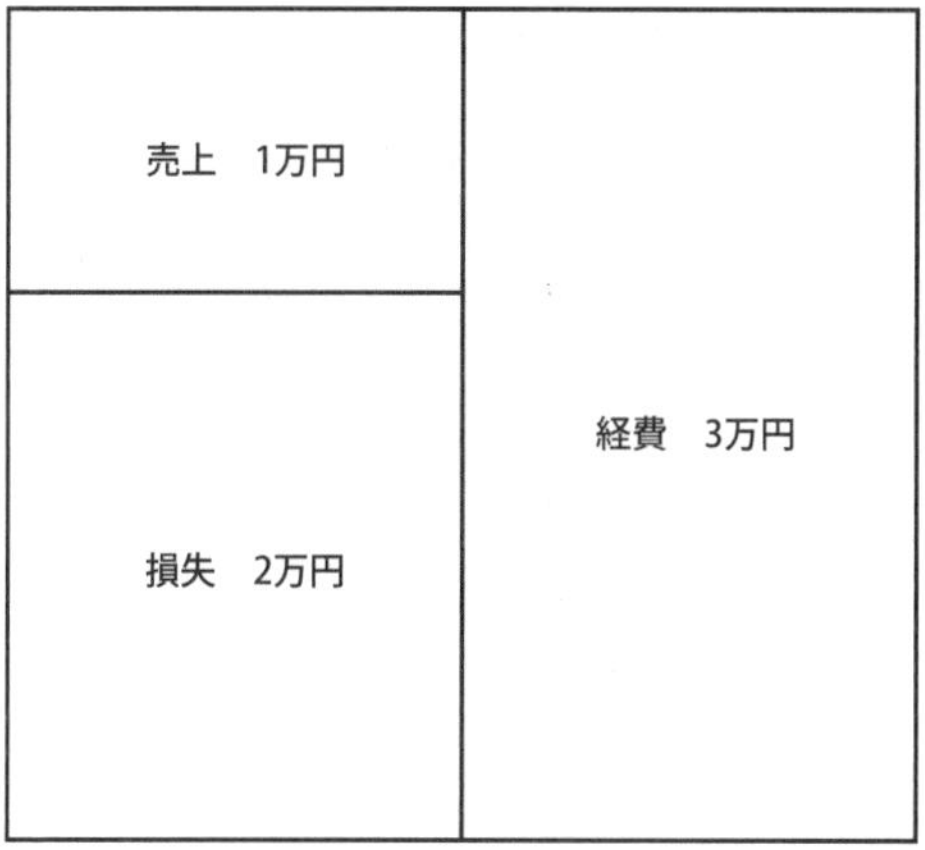

なるほど。具体的にはどのようにしたらいいですか？

はじめは大雑把でいいですが、売上と経費の規模感をつかんでください。たとえば、ある月の売上1万円、経費3万円、くらいの感じで（図0−4）。

売上は入ってくるお金だからピンとくるのですが、経費がわかりづらいですね。

たしかにそうですね。経費は奥が深いのであとで（STEP2）詳しくお話しします。いまの段階では、**副業のために支払ったお金**、くらいのイメージでいいです。

じゃあ、私の場合、動画をつくるセミナーを受講するとか、各種ソフトを買うとか、そういう感じですか？

はい、そういう感じでＯＫです。

あと、この本の代金とか！

……重ね重ねありがとうございます。

② 売上・支払いの記録を残す

①に関連することですが、記録を残すことも大事です。

よく言う「領収書をとっておけ」って話ですか？

そうです。**少なくとも紙でもらったレシート、領収書は保管してください**。

ネット通販などで、紙の領収書がないものはどうしたらいいですか？

詳細はあとでお話ししますが、いまの段階では、あとから見返せるのでしたら気にしなくてもいいです。あえて言うなら、高額の支出（数万円以上）のものは、紙が存在しなくても、すぐに取り出せるようにＰＤＦファイルなどを保存することをオススメします。

③ 事業専用の通帳・クレジットカードを決める

私のところに来る新しいお客様で、これができていない方が多いです。事業専用の通帳やカードがないと、副業とそれ以外のお金がグチャグチャに動いている状態になってしまいます。これだと**お金が足りているのか、足りていないのかがわかりません。**

言われてみれば、そうですね。

事業専用の口座をつくれば、その口座のお金が増えたか減ったかを見ればいいのです。

でも、はじめのうちは経費のほうが多かったら、お金が足りなくなりませんか？

そのときは、別の口座からお金を移動すればよいのです。

うーん、理屈はわかったのですが、いちいちお金を動かすの、面倒ですね。

その面倒がいいのです。お金が足りなければ、いやでも他から移動しなければなりませんよね？　**お金の移動をすることで、「副業でまだ採算がとれていない」ことを自覚できる**んです。

……いやな自覚ですね。

いやな気持ちになることも大事です。前にも言いましたが、副業の場合、本業の収入でそこそこ生活できるので、生活の不安が少ないのがメリットなのですが、危機感が薄れてしまうデメリットもあります。

そうですね。

あとは、**クレジットカードが1枚だけの人は、これを機に事業用のクレジットカードを新たにつくる**ことをオススメします。

早めにつくるほうがいいのですか？

（独立する前の）会社員のほうがカードの審査に通りやすいんです。

なるほど！

というわけで、売上がゼロのときの大事なことについていろいろお話ししてきましたが、いかがでしたか？

税金の相談に来たのに税金の話をしない先生は、イジワルではないとわかりました！

あ、はい……。

STEP0 まとめ

・「なんのために副業をするか？」をハッキリさせる
・まずは売上を伸ばす
・会社員は税金などを引かれた金額を受け取るが、事業主は税金などを引かれる前の売上でお金を受け取る
・副業の場合、年間の利益が20万円を超えると確定申告が必要
・売上、経費の把握をする
・事業専用の通帳・クレジットカードを決める

STEP 1

月収1000円

副業で利益が出たら、やらなきゃいけないのはたったこれだけ！

1 そもそも「開業」ってなんですか?

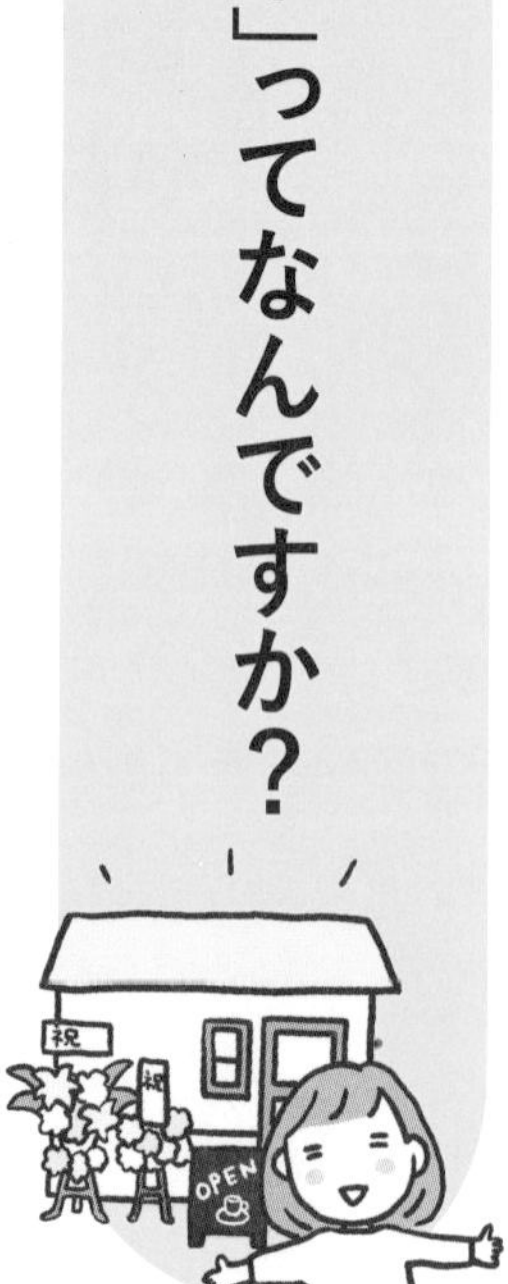

「開業」には2つの意味がある

先生、ちょっと聞いてください!

どうしました?

私、動画から収入が入るようになりました!!

おめでとうございます!

まだ1か月で数千円ですけど、子どもの教育関係の仕事で独立するっていう夢に一歩近づきました。

これからさらに楽しみですね。

そうなんです。でもね、私の友人も文章作成を代行する副業で、毎月５０００円くらい収入があるんです。先生、私の友人は確定申告しなくていいのですか？

いい質問ですね。

ありがとうございます！　で、どうなんですか？

わかりません。

ええええええ!?

どういうことかと言いますと、情報が足りないので、これだけでは判断できないのです。ただ、ハッキリ言えるのは、**本人が趣味と考えていても仕事と考えていても、他の状況が同じでしたら、申告が必要かどうかは同じ結果になります**。

そうですよね。「趣味です」と言えば申告しなくていいなら、みんな「趣味です」って言いますよね。

そういうことです。ちなみに、仕事としてはじめることを一般に「**開業**」といいます。

じゃあ、私の友人は開業してるのですか？

うーん、どちらともいえますね。

え？　どういうことですか？

開業には明確な定義がなく、次の2つの側面から考えます。

「開業」が持つ2つの意味

① 自分が開業していると考えている

② サービスやモノを提供してお金を受け取っている

まずは「① 自分が開業していると考えている」から。

私はこれにあてはまりますか?

そうですね。将来独立したいと思って、収入を得る手段を模索している、という状況なので、①にあてはまるといってよいでしょう。

友人は「② サービスやモノを提供してお金を受け取っている」にあてはまりますか?

はい、文字どおりの状況であるといえるでしょう。ただ、①の視点だと、ご友人の考え次第になります。とはいえ、一般的にはしおりさんもご友人も、開業しているといえますね。

あれ? ちょっと待ってください。お金を受け取るのって、いろいろな場合がありますすよね。たとえば、読まなくなった本を古本屋に売ったり、使わなくなったものをネット上で販売したり。

なるほど、日用品の処分ですね。

そうそう、お金を受け取ってるじゃないですか。でもわざわざ申告したことなんて、ないですよ。

それは問題ないです。**一般的な日用品の処分については、購入時のお金とくらべたら利益が出ないことが大半ですし、法律上でも非課税とされています。**

「開業日」はいつになる？

ところで先生。私も友人も開業している、ということはわかったのですが、いつから開業したことになるのですか？

いつからだと思いますか？

質問に質問で返すとか、イジワル‼

いや、これけっこう奥が深い話なんです。たとえば、飲食店をはじめる、という場合ですと、開業の日はいつだと思いますか？

お店がオープンした日、ですか？

そうです。これはわかりやすいですよね。では、しおりさんのご友人の場合はどうでしょうか？

はじめて依頼を受けたときですか？

そうですね。それも正解ですし、もし最初は無料で受けていたなら、はじめてお金が入ったときともいえます。

じゃあ、私の場合はどうなりますか？

「はじめます」と言ったときです。もう少し正確に言うと、「開業届に記載した日」です（開業届についてはあとで説明します）。

いろいろなケースがあるのですね。

そうですね。いろいろ話したので、まとめましょう。

開業日の代表的な3つのパターン

① お店などをオープンした日

② 実際に依頼を受けたり、収入が入った日
③ 開業届に記載した日（①、②以前の日）

売上が出たからといって、確定申告が必要とは限らない

話を戻しますけど、私も友人も確定申告をしないといけないのですか？

それは別の話です。

ずっと気になってたんですけど、売上がどのくらいになったら、確定申告が必要になるのですか？

いい質問ですね。では、具体的なケースを見てみましょうか。

問題

会社員が、自分の好きなジャンルで動画投稿をはじめて、広告料収入が発生しました。

確定申告が必要になるのは、次のうち、どの場合から？

①年間の広告料収入 10万円
②年間の広告料収入 50万円
③年間の広告料収入 １００万円

うーん。年間ですよね。月５万円くらいだと年間60万円……。それくらいあったら、なんか申告したほうがよさそうだなぁ。答えは②ですか？

なるほど、そう来ましたか。

え？　違いますか？

じつはこの質問、私がセミナーを開催するときの持ちネタなんですけど、答えを言うとだいたいポカーンとなります。じつはこれ、**申告が必要かどうかわからない**のです。

えええええ!?　問題とか言っておいて、ひどくないですか？

うーん、そう言われると、私はセミナーを開催するたびに悪いことをしている気になってきました……。

で、セミナーでは、このあとなんと言うのですか？

売上（収入）だけでは、確定申告が必要かどうかはわかりません。

じゃあ、他になにが必要なのですか？

この話は他の要素が絡んでくるので、続きはＳＴＥＰ1の後半（78ページ）で解説します。

ひど～い、じゃあ78ページまで飛ばしちゃう人がいてもいいのですか？

他にも大事な前提がいろいろあるので、飛ばさずにおつきあいください。

じつは超カンタン！　開業届の提出方法

そういえば、開業したら税務署になにか書類を提出しないといけないのですか？

はい、**「開業届」**という書類を提出する必要があります。

うわぁ、なんか難しそう……。

大丈夫です。これまでたくさんの個人事業主を見てきましたが、開業届の提出でつまずいた方はほとんどいらっしゃいません。

ホントに⁉　そんなに簡単にできるものなのですか？

ホントです！　では、実際の書類の記入例（図1-1）を見てみましょう。

やっぱり難しい‼

誤解を恐れずに言えば、**住所氏名など、右上の部分がきちんと書かれていれば、たいした問題にはなりません**。実際、過去にこの書類に不備があるといって返却された事例は見たことありませんから。

よかったー。ところで、この書類は税務署に行けば手に入るのですか？

もちろん現地でももらえますし、**国税庁のホームページからもダウンロードできます**。単純に「開業届」と検索しても出てきます。ちなみに正式名称は「個人事業の開業・廃業等届出書」です。

（実際に検索してみる）あ、出てきた！　しかも、画面上で入力できるんですね！

そうなんです。だいぶお手軽になりましたよ。しかも**提出は郵送でも大丈夫**です。

郵送でいいのですね！　でも税務署って全国にたくさんありますよね？　どこに送ればいいのですか？

国税庁のホームページで自宅の郵便番号や住所から、税務署の検索ができますよ。

図1−1　開業届の記入例

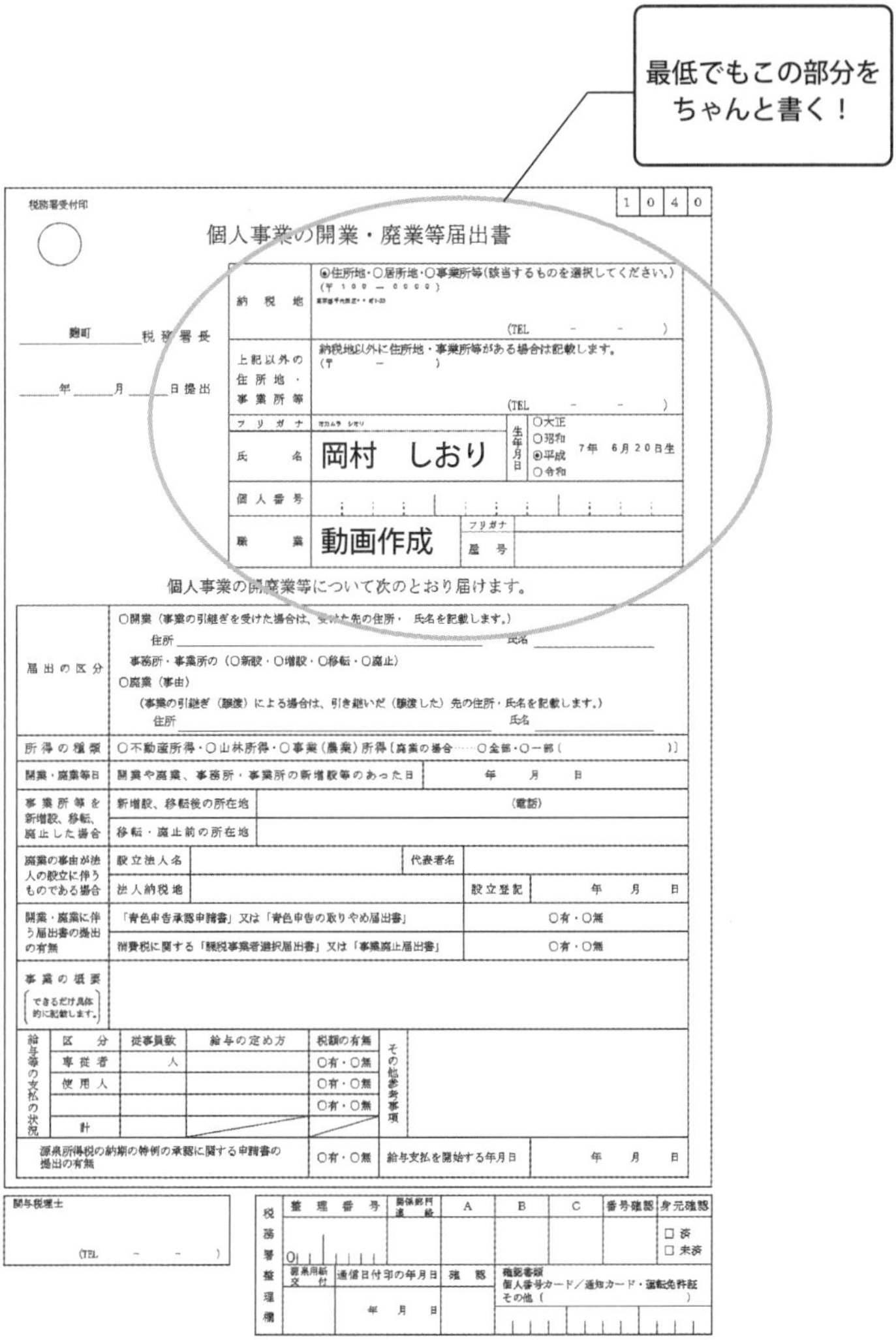

税務署受付印

1040

個人事業の開業・廃業等届出書

麹町　税務署長

年　月　日提出

納税地	◉住所地・○居所地・○事業所等（該当するものを選択してください。） （〒100－0000） （TEL　－　－　）
上記以外の住所地・事業所等	納税地以外に住所地・事業所等がある場合は記載します。 （〒　－　） （TEL　－　－　）
フリガナ	オカムラ シオリ
氏名	岡村　しおり
生年月日	○大正 ○昭和 ◉平成 ○令和　7年　6月20日生
個人番号	
職業	動画作成
フリガナ / 屋号	

個人事業の開廃業等について次のとおり届けます。

届出の区分	○開業（事業の引継ぎを受けた場合は、受けた先の住所・氏名を記載します。） 住所　氏名 事務所・事業所の（○新設・○増設・○移転・○廃止） ○廃業（事由） （事業の引継ぎ（譲渡）による場合は、引き継いだ（譲渡した）先の住所・氏名を記載します。） 住所　氏名
所得の種類	○不動産所得・○山林所得・○事業（農業）所得〔廃業の場合……○全部・○一部（　）〕
開業・廃業等日	開業や廃業、事務所・事業所の新増設等のあった日　年　月　日
事業所等を新増設、移転、廃止した場合	新増設、移転後の所在地　（電話） 移転・廃止前の所在地
廃業の事由が法人の設立に伴うものである場合	設立法人名　代表者名 法人納税地　設立登記　年　月　日
開業・廃業に伴う届出書の提出の有無	「青色申告承認申請書」又は「青色申告の取りやめ届出書」　○有・○無 消費税に関する「課税事業者選択届出書」又は「事業廃止届出書」　○有・○無
事業の概要（できるだけ具体的に記載します。）	

給与等の支払の状況	区分	従事員数	給与の定め方	税額の有無	その他参考事項
	専従者	人		○有・○無	
	使用人			○有・○無	
				○有・○無	
	計				

源泉所得税の納期の特例の承認に関する申請書の提出の有無	○有・○無	給与支払を開始する年月日	年　月　日

関与税理士

（TEL　－　－　）

税務署整理欄	整理番号	関係部門連絡	A	B	C	番号確認	身元確認
	0						□済 □未済
	源泉用紙交付	通信日付印の年月日	確認	確認書類　個人番号カード／通知カード・運転免許証　その他（　）			
		年　月　日					

ホントだ！　郵便番号を入れるだけで税務署名が出てきました！

そして、大事な注意点をひとつ。**税務署に書類を提出する際は、同じ書類をコピーして2部送って、返信用封筒をつけてください。**

2部送って返信用封筒をつけると、1部戻ってくるのですか？

そうです。**税務署に書類を提出する際は、必ず控えをもらってください。**

どうしてですか？

そうすることで、**提出したという事実を証明できる**からです。たとえば、個人事業主向けのサービスを受ける場合、開業していることの証明を求められる場合があります。その際に、税務署で受付印を押された開業届の控えをコピーすれば、証明にできます。

開業届の作成・提出のポイント

①用紙は国税庁のホームページで入手
②提出先は最寄りの税務署で、国税庁のホームページで調べられる
③提出の際は同じものを2部用意する
④郵送の場合は、返信用封筒を同封する

「本業か副業か」が事業所得と雑所得を分ける

そういえば、**雑所得の場合は開業届を出さなくてもいい**って聞いたことがあるんですけど、本当ですか？

よくご存知ですね。そのとおりです。

そうか……。ところで雑所得ってなんですか？

知らないで言ってたんですか‼

はい！

そんな元気に返事しなくても……。

えへへ。

とくに副業の場合、**事業所得と雑所得の違いに注意が必要**です。

どのように違うのですか？

すごく大雑把に言うと、**事業所得は本業、雑所得は副業**です。

じゃあ、私は会社員の副業だから雑所得ですね。

図1−2　芸人さんで考える事業所得と雑所得の違い

芸人として生活したい！ ➡ 事業所得

芸人は趣味 ➡ 雑所得

まあ、そういう可能性が高いですね。ただし、給与をもらっている人が他に事業をしているからといって、その所得が必ず雑所得になるとは限りません。たとえば、駆け出しの芸人さんをイメージしてください。芸人としての収入が少なくて、バイトをしながら活動しているとしましょう。

そういう人、ときどきいる気がします。

形式的には収入のメインはバイトの給料になっていることもあるでしょう。でも、本人は芸人として暮らすべく努力をしています。では、この人の本業はなんですか？

芸人だと思います。

芸人だといってもそれほどおかしくないですよね。このように、**会社員（給与をもらう人）が別途事業を行っていても、事業所得といえるケースもあります**。

じゃあ、私も「将来独立する！」と思いながら活動したら、事業所得といっていいですか？

そうですね。ちょっと難しい話になりますが、次のポイントがあります。

収入が事業所得と判断されるためのポイント

- **反復継続性がある…繰り返し収入が発生する**
- **営利性がある…利益を得ることを目的としている**
- **リスクを負っている…なにかあったときに自分にリスクがある**
- **事業をしていると認知されている…客観的に事業をしているとわかる**

全部を完全に満たしていないとダメですか？

これは、「こういうポイントで判断します」というものなので、**総合的にこれらを満たしている要素が多いほど、事業所得になる**といえます。

私の場合、収入が安定して発生したら「独立目指して事業しています」って言えばよさそうですね。

2 知ってるだけでトクする「青色申告」

青色申告は収入が入った「瞬間」から考える

あと、「**青色申告**」って言葉もよく聞くのですが、私にも関係ありますか？

メチャクチャ関係ありますし、すごく大事ですよ。

どんなところが大事なんですか？

とくに大事なポイントは次の2つです。

「おトク」な青色申告の大事なポイント

① 税金が安くなる

② 雑所得ではなく、事業所得の場合に受けられる

おお！　税金が安くなるの、大事！　でも、いまの私は売上が少ないから、あまり関係ない気もするのですが……。

「いまは」関係なくても、いつから関係するかわかりませんよ。たとえば、図1－3のようなケースを考えてみましょう。

1月と12月でぜんぜん違いますね！

こういうケースで9月ごろに相談にいらっしゃる方を、私は毎年数人見ています。

急に売上が増えて、税金のことが気になるって感じですか？

そうです。で、9月ごろ相談に来ると、悲しいことを伝えないといけません。税務署になにも届出をしていないと、**青色申告ができないので、税金で10万円くらい損する可能性があります**。

えええ!?　10万円も税金が変わるのですか？

ケースバイケースですが、10万円のときもあれば20万円のときもあります。

それは悲しすぎる……。

図1−3　急に売上が伸びるケースもある

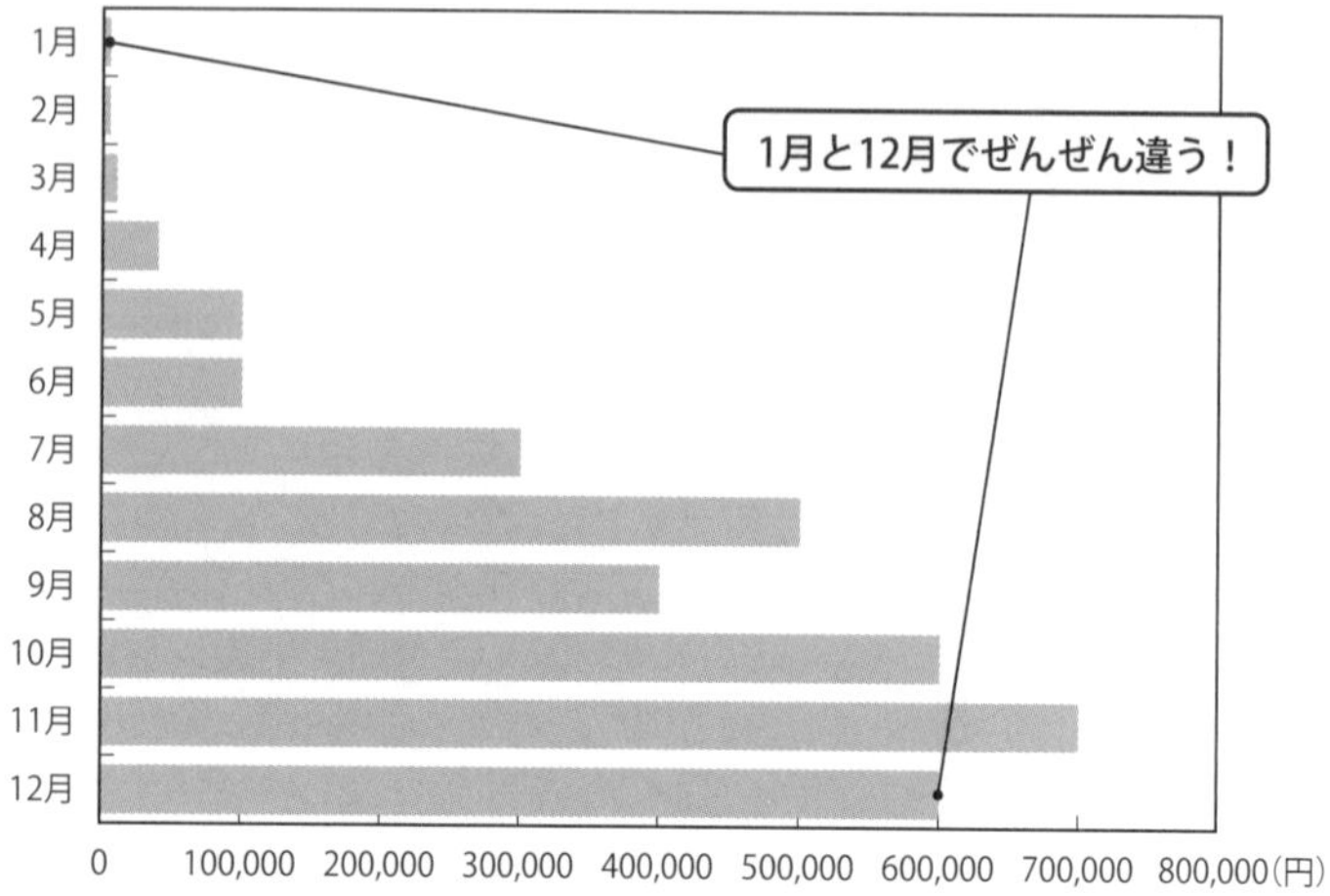

（注）１月から事業所得の条件を満たしているものとする

8月に売上が50万円になる、ということを1月の時点では想像できない方、多いです。

私もいまは売上が50万円になることは想像できないです。

ですので、**いまのうちから、いつ売上が増えてもいいように、青色申告ができる準備をする必要があります。**

青色申告の申請は時期に注意

準備ってなにをしたらよいのですか？

「所得税の青色申告承認申請書」とい

う書類を税務署に提出するだけです。とりあえず。

とりあえず？

他にもいろいろありますが、**申請書の提出だけは締切があるので、先に出しておかないと、どうしようもない**のです。その他のやることは、あとで触れますね。

締切はいつなんですか？

その年の3月15日です。「その年」の意味がわかりづらいですね。図1-4を見てください。

さっきの例はX1年と考えればいいですか？

そうですね。夏に売上があがったので9月に相談にきた、というケースです。

その場合、もう間に合わないのですか？

はい。X1年の申告はX2年3月15日までなのですが、青色申告の承認申請はX1年の3月15日までに行わないといけません。

図1−4　青色申告の申請期限

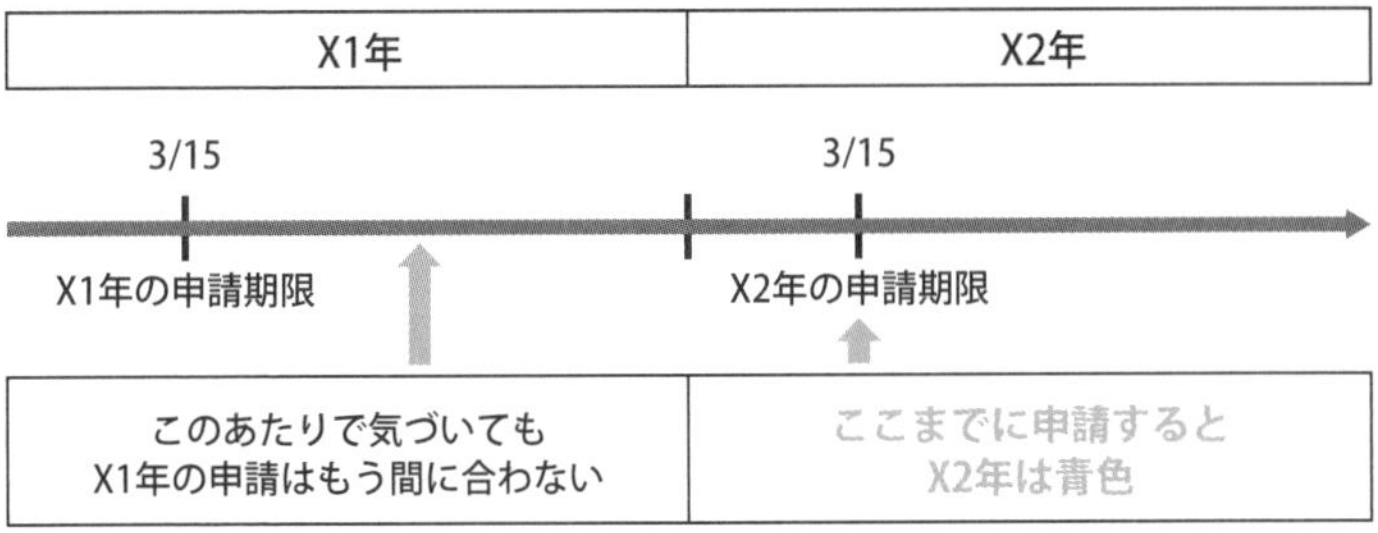

じゃあ、1月の時点で事業をはじめるとしたら、すぐに青色申告の承認申請が必要なんですね？

そういうことです。現実的には、**「事業をやろうと決めたら、開業届と青色申告の承認申請はセットで出す」**と考えるとよいでしょう。

先ほどの間に合わなかった人には、救済はないのですか？

X1年については、もうダメですが、X2年から青色申告にすることはできます。X2年から青色申告にする場合、X2年の3月15日までに申請すればOKです。

年の途中ではじめた人はどうなるのですか？

はじめた日から2か月以内に申請すれば大丈夫です。

青色申告は雑所得では受けられない

あと、青色申告は雑所得では受けられないんですね。

そうです。あくまで**事業所得、つまり生計を立てる要素が強い場合に受けられる特典**です。

なるほど。さっき年の途中で売上が増える話がありましたけど、年の途中で雑所得から事業所得になった場合はどうなりますか？

変わったタイミング（変わってから2か月以内）で開業届と青色申告の申請をすれば大丈夫です。

でも、変わったってどうやって判定するのですか？

そうなんです。それが難しいのです。たとえば、副業（雑所得）をしていた会社員が、年の途中で退職して、副業していた事業だけで生計を立てるようになったとしたら、退職のタイミングで開業届と青色申告の申請をするのは大丈夫です。

たしかに、その場合はわかりやすいですね。

だから、**事業所得か雑所得かよくわからない場合は、とりあえず事業所得と考えて開業届と青色申告の申請をしてしまう**、というのはアリです。

それで、結局雑所得だったらどうするんですか？

青色申告は使えず、雑所得として申告することになるだけなので、とくに損をすることはありません。

青色申告の承認申請のポイント

・事業をはじめた年の3月15日までに、申請書を提出
・年の途中から事業をはじめた場合、はじめた日から2か月以内に提出
・申請すると、税金が安くなる（条件次第で数万円～数十万円）
・青色申告は事業所得の場合にできる（雑所得ではできない）
・雑所得から事業所得に変わるタイミングがわからない場合、雑所得の段階で、あらかじめ青色申告の申請をすることは、問題なし

3 面倒だけどこれだけは外せない「資料の保存」

そういえば、レシートや領収書をとりあえず保存しておこう、という話がありましたよね。

はい。STEP0でお話ししました。

そろそろきちんとした保存の方法を知っておいたほうがいいですか?

そうですね。大きくリアルと電子で分けられるので、それぞれについてお話ししていきます。

支払い・入金の記録を残す（リアル編）

お店で買い物をしたときには、レシートや領収書をもらえますよね。

はい。その他、請求書が紙で送られてきて、それにしたがって振り込む、という場合もあります。

そういう場合の注意点はなんですか？

大きくは次の2点です。

紙で記録を残すときの注意点

①普通にもらえるものを、そのままもらう

②4つの要素を満たしている

①普通にもらえるものを、そのままもらう

たとえば、書籍を買ってレシートをもらったとしましょう。そのときに「領収書をくだ

さい」って言いますか？

会社のルールで領収書をもらってくるように言われているから、事業でも同じじゃないかと思うんですけど……。

ここが違うんです。一般に、**レシートと領収書だったら、レシートのほうが優れています。**

えええ!? だって、領収書のほうが立派な紙で、ハンコ押してもらってるじゃないですか！

確定申告の場合、書類そのもののすごさより、中身が大事です。具体例はＳＴＥＰ２でまた見ていきますが、ここでは大雑把なイメージだけお伝えしますね。たとえば、書店のレシートなら、個別の書籍のタイトルや値段が入っていることが多いです。ところが、領収書を改めて書いてもらったとたん、それらの情報が消えてしまうのです。

あ！ そういうことか！

つまり、経費であることの証拠を自分から消してしまっているのです（経費の詳しい話はＳＴＥＰ２で触れます）。

だから、領収書をわざわざもらわなくてよいのですね？

そうです。**普通に買い物をしたらレシートを出す店では、わざわざ領収書を請求せず、そ**

のままレシートをもらってください。

はじめから領収書を出してくれる場合は、それを受け取ればいいですか？

はい、それで大丈夫です。

② 4つの要素を満たしている

これ、よくわからないです。

ですよね。説明しましょう。レシートや領収書をもらった際に、次の4つが書かれているかチェックしましょう。

理想のレシート・領収書チェックリスト

□日付
□金額
□相手先（お金を支払ったお店や会社の名前）
□内容（購入した商品や支出の目的）

こうして見てみると、ある意味あたりまえに見えますね。

ですよね。**レシートをもらったら、だいたいこれは記載されている**と思います。

記載されていない場合ってどんなときですか？

たとえば、飲食ですね。内容の記載が不十分です。なにを飲食したかはわかりますが、「だれと」「なんのために」ということは書かれていません。

そういうことですね！

喫茶店のレシートを見ても、お客様と打ち合わせしたのか、友人とプライベートで飲食したのかはわかりません。詳細はＳＴＥＰ２で触れますが、このようなケースでは、**余白や裏面に、「だれと」「なんのために」がわかるように補足事項をメモしてください**。

わかりました！

もうひとつ。**請求書が送られてきて、銀行振込をしたケースも注意が必要**です。普通、こういうケースでは請求書は発行されますが、領収書は発行されません。請求書を見たら、金額、相手先、内容はわかりますが、振り込んだ日付はわかりません。そこで、この**請求書と銀行の振込明細をあわせて保存することで、４つの要素をそろえます**。

なるほど！

支払い・入金の記録を残す（電子編）

リアルに紙をもらえる場合と、紙がない電子の場合で、なにが違うのですか？

ひとことで言うのが難しいのですが、まずは共通点からお話ししますね。先ほどの４つの要素が必要なのは同じです。**違いは、もらったものをどのように保存するか**です。

保存方法？

紙なら、そのまま保存すればいいのですが、電子の場合、そうはいかないのです。たとえば通販で領収書をダウンロードした場合、それをプリントアウトするか、ファイルのままパソコンに保存するか、という話です。

あ～、言われてみれば、どうしたらいいかわからないですね。

電子帳簿保存法というものが改正されて、このあたりの話が変化したので、変化したあとの話を中心にお話ししていきますね。

はい。それで、さっきの話ですが、通販だと、領収書をダウンロードできるものが多いですけど、プリントアウトしないといけないのですか？

昔はそうでした。しかし、**電子帳簿保存法の改正によって、プリントアウトの必要がなくなりました。**

やった！　プリンターのインク代がかからない！

まあ、そうですね……。

あれ？　なにかひっかかる言い方ですね。

紙に出力する必要はなくなりました。しかし、**電子での保存は必要**になります。

ネット通販なら、管理画面でいつでも記録をさかのぼれるから、そのままでいいですか？

そうはいかないんです。**「ファイルの保存」が要件**なので、ＰＣやハードディスクのフォルダに保存するか、クラウド上のシステムに保管する必要があります。

買い物するたびに、領収書とかをダウンロードして、保存しないといけないのですね。

それだけでも面倒だと思いますが、さらに続きがあります。

えええええ!?　副業ってたいへ～ん……。

日付・金額・取引先で検索できる、という要件があります。たとえば、図1-5のようにどこかのフォルダにファイルを入れていきます。

図1−5　電子で資料を保存する方法

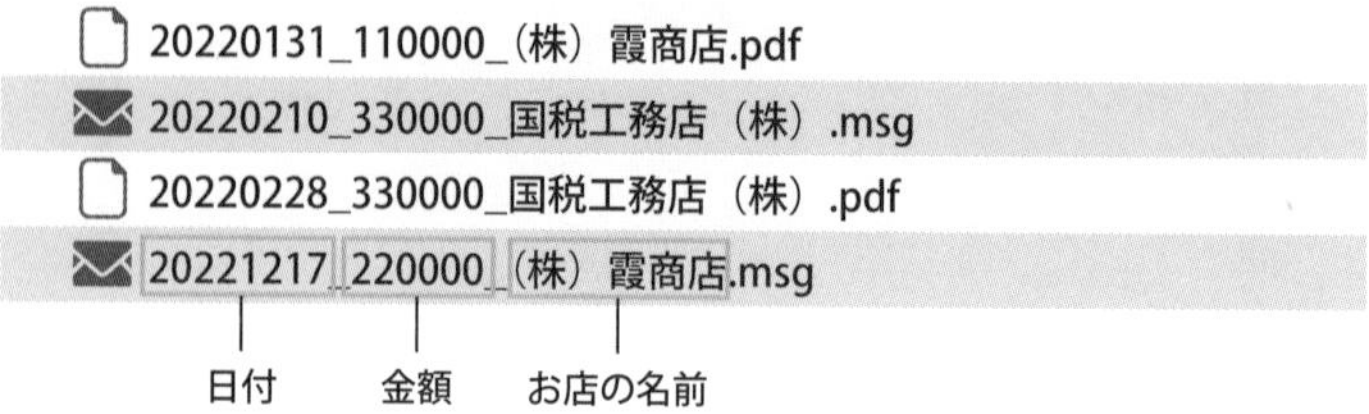

……辛すぎます。

ですね。はじめはここまで完璧でなくてもよいので、まずはどこかのフォルダに、売上や経費の記録を集約することからはじめましょう。これも難しければ、ホントのホントのはじめは、**PDFで送られてきたものの保存からはじめましょう**。

これならできそうですか？

そうですね。

そこから、管理画面やメールのキャプチャも取り込むようにしていけば、かなりの精度でできるようになると思います。

うーん、いまはまだイメージがわかないのですが、がんばります。

4 案外大したことない、必要最低限の「帳簿」のつくり方

はじめのうちは会計ソフトは不要！

事業を行うって大変ですね。まだ注意事項、ありますか？

残念ですが、あるんです。

今度はなんですか？

帳簿です。

わーームリムリムリムリ‼

まだなにも言っていませんから。

あ。

ところで、帳簿といったらどんなものをイメージしますか？

うーん……。なんか重厚感のある分厚い本みたいなノートに、達筆な文字と数字で記録していくような。

意外と古風ですね。

違うんですか？

イマドキは手書きで帳簿を書くことはないですね。私でも手書きですべて書くのは不可能です。

じゃあ、専用のソフトを入れるんですか？

はじめはそこまでしなくてもいいです。だって、新しいソフトを入れて、使い方を覚えるの、面倒でしょ？

はい！

……（いい笑顔だな）。帳簿と聞くと難しいイメージが先行しますが、ゴールを知ってしまえば、たいしたことないですよ。

ゴール？

月ごと、あるいは年間での売上や経費がわかることがゴールです。たとえば、売上を考えてみましょう。しおりさんの売上はどのようなものですか？

動画視聴による広告収入です。

そうですね。おそらく、月ごとで金額が決まると思います。ですから、**1月○円、2月○円……と12月まで足し算したものがあれば、それで完成**です。

それだけですか？

それだけです。

それならできる!!

よかったです。

副業初心者がよく陥る、意外な落とし穴

そういえば、簿記とか決算書ってありますよね。そういうものは、知らなくてもいいのですか？

そうですね、よほどの物好きでなければ、**簿記は知らなくてもいい**ですよ。

えええ!?　そんなこと言っていいんですか!?

だって、簿記をやりたくて副業はじめたわけじゃないでしょ？

そりゃあそうですけど……。

簿記に興味があるなら教えますけど、興味がなければ退屈ですよ。しかもその話をはじめたら、この本のページ数が足りなくなります。

じゃあ、パスで！

ですよね。これは意外な落とし穴なんです。

落とし穴？

そう。「起業する↓確定申告が必要↓簿記を知らないと不可能」という思い込みです。

実際はどうなんですか？

「起業する↓領収書などの記録を残す↓集計する↓決算書・申告書を作成する」という流れです。

3つ目まではできそうですが、最後が……。

あぁ、最後はある程度流れ作業です。毎年確定申告シーズンになると、やり方の本がたくさん出ますから、読みながらできます。**売上と経費の集計さえ自分でできたら、そこから先はどうにかなりますので、いまは集計まで気にしてください**。しかも、いまはまだ売上が数千円の規模なので、集計もラフでいいです。このあとお手本は見せますが、70点の出来でいいですよ。

そう言われると気がラクになります！

流行りのクラウド型会計ソフトは中・上級者向け

とは言ったものの、会計ソフトのCMや広告を見ると気になるんです。「経理の知識がいらない！」「自動でデータを取り込むからカンタン！」とか言われると、なんか挑戦したほうがいいのかなって……。

あ、それ**いまの段階では無駄**です。

無駄って……。先生、会計ソフト会社を敵に回して大丈夫ですか⁉

敵には回してないですよ（たぶん）。

だって使わなくていいって。

「いまは」という話です。将来的に月の売上が10万円を超える水準になったら、導入を考えてもよいのですが、そのころには、自分で導入しなくても税理士に頼むという選択肢

も出てきますし。

おっと、自分の宣伝？

そうじゃないですから！　あくまで選択肢としてね。自分で導入するか税理士に頼むか、という選択肢が、将来的には出てきます。

実際のところ、会計ソフトって難しいんですか？

会計ソフトを使うには、簿記の知識が必要です。

なるほど！　それは私にはムリ！　じゃあ、最近のＣＭはウソなんですか？

うーん、ウソといったら言いすぎなのですが、要は、**簿記とか仕訳とか、そういうものをわかっている人には、会計ソフトや、最近流行りのクラウド型会計ソフトは便利**です。

わかっている人には、ですね。ではわかっていない人が使うとどうなるのですか？

それはそれは恐ろしい世界が待っています。

恐ろしい、世界……？

はい。救いようのないような、修復不能な、メチャクチャな帳簿ができあがって、そんな状態で相談に来られても、「イチからやり直しです」と答えるしかない、ということになります。

先生、話を盛ってません？

いまのは極端な例ですが、多かれ少なかれ、間違ったものをつくって、間違った結果になっている事例は多数見てきています。

間違ったものができあがるのは、よくあることなのですね？

はい。ですので、**まだ規模が小さいうちは、わざわざ新しいものに手を出さずに、もっと簡単な方法ですませたほうがいい**です。

最初はエクセルでＯＫ！　手書きでも大丈夫

結局、はじめのうちはどうしたらよいのですか？

エクセルで十分です。

エクセルかぁ。難しい計算とかするんですか？

うーん、エクセルを使える度合いによりますが……。

え、なんかいやな予感……。

エクセルで合計を出すことってできますか？

図1-6　エクセルを使った帳簿の例（荷造運賃）

1					
2					
3		4月1日	郵便局	レターパック	370
4		4月20日	宅急便		600
5					
6				（中略）	
7					
8		12月20日	郵便局	郵送代	200
9					
10				合計	50,000
11					
12					

荷造運賃

足し算の合計ですか？　それくらいならできますけど……。

じゃあＯＫです！

え!?　ホントに!?

では実例を見てみましょう（図1-6）。このように、支払いの種類ごとにワークシートを分けて計算します。支払いの種類には、「荷造運賃（送料のこと）」「水道光熱費」などがあり、これらを専門用語で「勘定《かんじょう》科目《かもく》」あるいは「科目」といいます。ここから先は「科目」で統一します。**最終的に申告をするときには、科目ごとの合計金額が必要**なので、このワークシートで計算します。各科目で合計を出すときにＳＵＭ関数（Σマーク）が使えるといいかと。

それだけならどうにかなりそうです！

図1－7　エクセルを使った帳簿の例（交際費）

1					
2		6月10日	居酒屋モンキー	江口氏と情報交換	8,510
3					
4				（中略）	
5					
6		12月1日	デパート伊予丹	クライアント前田氏へプレゼント	10,800
7					
8					30,000
9					
10					
11					
12					

交際費

ちなみに、**PCやエクセルが苦手な方でしたら、手書きで集計してもOK**です。次は交際費の事例です（図1‐7）。

飲食やプレゼントの場合は、相手の名前を記載するのですね。

そうです。詳しくはSTEP2の経費の話で触れますが、具体的な内容がわかることが大切です。

5 簡単だけど超大切な「申告」のしくみ

税金の計算をはじめからていねいに

結局私は確定申告をする必要があるのですか？　もう30ページくらい待たされてるんですけど……。

お待たせしました。いよいよその質問にお答えします！

待ってました！

ただ……。

ただ？

その質問に答えるには、**税金の計算方法**を説明しなければなりません。

あのー、その話、難しいですか？

……できるだけカンタンにします。

よろしくお願いします！

税金の計算は、全部で7つのステップに分けて考えることができます。

税金（所得税）計算の7つのステップ

ステップ①　各種所得の計算
ステップ②　所得金額の合算
ステップ③　所得控除の計算
ステップ④　税額の計算
ステップ⑤　税額控除の計算
ステップ⑥　復興特別所得税を加算
ステップ⑦　源泉所得税・予定納税（前払いしていた税金）の精算

なんだか難しそう……。

ひとつずつ丁寧に説明しますので、安心してください！

ステップ①　各種所得の計算

まず「所得とはなにか？」ということからお話しします。STEP0でもお話ししましたが、**単純に「所得＝利益」と考えて問題ありません**。所得には10種類あります。いくつか代表的な所得を紹介します。

代表的な所得5選

事業所得：個人事業での所得（事業所得と雑所得の違いについては51ページ参照）
雑所得：FXなど先物取引による所得、暗号資産（仮想通貨）による所得、年金受取による所得
不動産所得：不動産賃貸の所得
給与所得：いわゆる給与による所得
譲渡所得：土地や建物の譲渡（売却）、株式の売買などによる所得
（以下、本書では、事業所得を中心に話を進めていきます）

たくさん種類があるんですね。全部覚えなくてはいけませんか？

大丈夫です。**多くの方に関係するのは、給与所得と事業所得（雑所得）だけ**です。

それなら一安心です！

メインとなる事業所得（雑所得）は、ＳＴＥＰ０で解説したとおり、売上から経費を引いたものが利益となります。

ステップ② 所得金額の合算

次に、計算した各種所得を足し合わせます。

足すだけなら私にもできそうです。なにか気をつけなくちゃいけないことはありますか？

赤字の取り扱いですね。**事業所得（と不動産所得）については、赤字になった場合は、原則として他の所得と相殺できます。一方、雑所得の赤字は、他の所得と相殺できません。**

ここでも事業所得と雑所得の違いが出てくるのですね。

ステップ③　所得控除の計算

「所得控除」とは、個人の状況に応じて税金を安くする、というしくみです。

状況に応じて？

イメージしづらいですよね。具体的には次のようなケースです。

所得控除が発生するケースの例

- 医療費をたくさん支払った場合
- 社会保険料（健康保険や年金など）を支払った場合
- 扶養する家族がいる場合
- 生命保険料を払った場合

そういえば、会社の年末調整でも生命保険の証明書を提出していますね。

そうです。会社員の場合、この所得控除のほとんどは年末調整で行うので、確定申告で行うとしたら、医療費や寄付金のイメージが強いと思います。

そうですね。ところで、「こうじょ」って、聞きなれない言葉ですが、どういう意味なん

図1−8　所得税額の速算表

②（所得金額）ー③（所得控除）の金額	税率	控除額
0.1万円～195万円	5%	0円
195.1万円～330万円	10%	97,500円
330.1万円～695万円	20%	427,500円
695.1万円～900万円	23%	636,000円
900.1万円～1800万円	33%	1,536,000円
1800.1万円～4000万円	40%	2,796,000円
4000.1万円～	45%	4,796,000円

ですか？

控除というのは「ゼロまでマイナスする」という意味です。たとえば、50引く70はマイナス20ですが、50から70を控除した結果はゼロです。

単純に引き算を難しく言っているわけじゃないのですね。

ステップ④　税額の計算

いよいよ税金の計算です。

長い道のりでしたね～。

ここがまた単純にいきません。

ええ～？　また難しいんですか？

……まずはやり方を。まず②（所得金額の合計）から③（所得控除額）を引き、その金額（千円未満切り捨て）に対して、5～45％の税率をかけて、所得税を計算します。ただし、単純な掛け算にはならず、図1-8にしたがって計算します。

？？？

2つの段階に分けて、丁寧に説明しましょう。第1段階は、②から③を引いて、千円未満切り捨てにします。これは、②で求めた所得から、③の所得控除を行っています。

控除と引き算は微妙に違うんですよね。

そうです。次に第2段階です。第1段階で控除が終わったあとの金額をもとに、図1-8の表にしたがって計算します。たとえば、②-③の金額が700万円の場合は、次のように計算します。

700万円×23%-63万6000円=97万4000円

やっとわかりました！

図1−9　税金（所得税）計算の7つのステップ

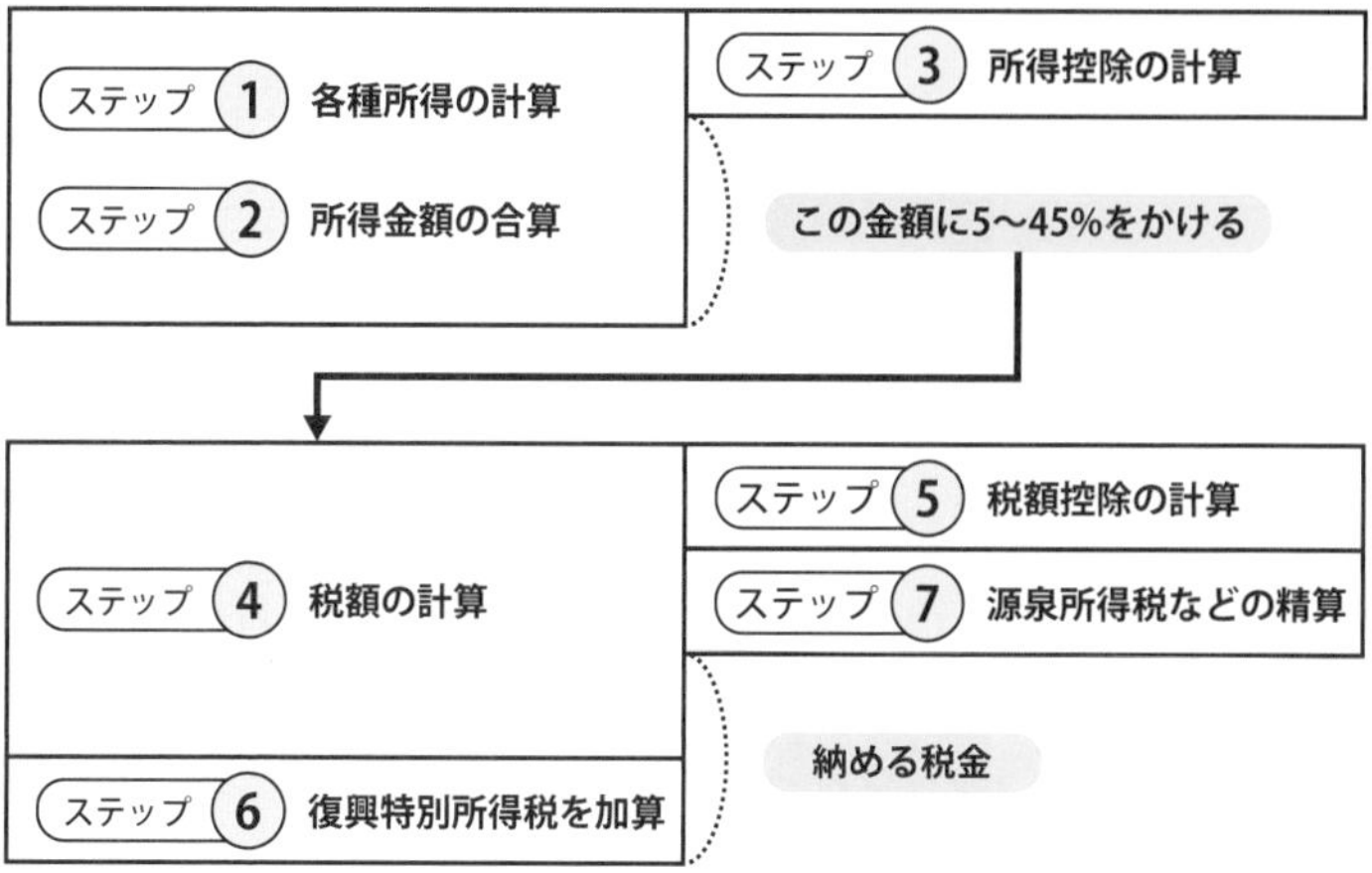

よかったです。ちなみに、所得税と別で納税することとなる住民税（市県民税、都民税など、お住まいの地方自治体に支払う税金）は、②−③の金額に一律10％をかけます。

ステップ⑤　税額控除の計算

また控除って言葉が出てきましたね。

そうです。ここでもゼロまで引き算です。

ステップ④から、さらに控除するものがあるのですか？

はい。代表的なものは**住宅ローン控除**です。その他、一部の寄附金は税額控除となります。

ステップ⑥　復興特別所得税を加算

復興特別所得税ってなんですか？

東日本大震災のあとにできたもので、震災の復興にあてるお金としてつくられたものです。具体的には④－⑤の金額の2・1％を加算します。

ステップ⑦　源泉所得税・予定納税（前払いしていた税金）の精算

今度は「精算」で、「控除」じゃないんですね。

そうです。⑥－⑦が実際に納める税金となりますが、ここで引いているのは前払いの税金なんです。

もしマイナスになったら、どうなるのですか？

マイナスの分だけ還付、つまり戻ってきます。

払いすぎていた分は返してもらえるのですね！

そうです。だからマイナスにもできないと、困るのです。

税理士の先生が教える、いますぐ使える税額計算のやり方①
——収入が会社からの給与のみのケース

で、私の場合はどうなるのですか？

前記の説明に自分の事例をあてはめてみましょう。

うーん、わかるようなわからないような……。

では、会社員の副業で、副業が事業所得になるという前提で見ていきますよ。まず、会社からもらう源泉徴収票を用意します。さすがに今日はお持ちでないですよね。

そうですね。

では、架空の数字でつくったこちらを（図1-10）。

上のほうの数字だけ見ればよいのですか？

そうです。まずは副業の金額を考慮せず、会社の給与だけで7つのステップと照らし合わせてみましょう（図1-11）。

図1－10　源泉徴収票の注目すべき箇所

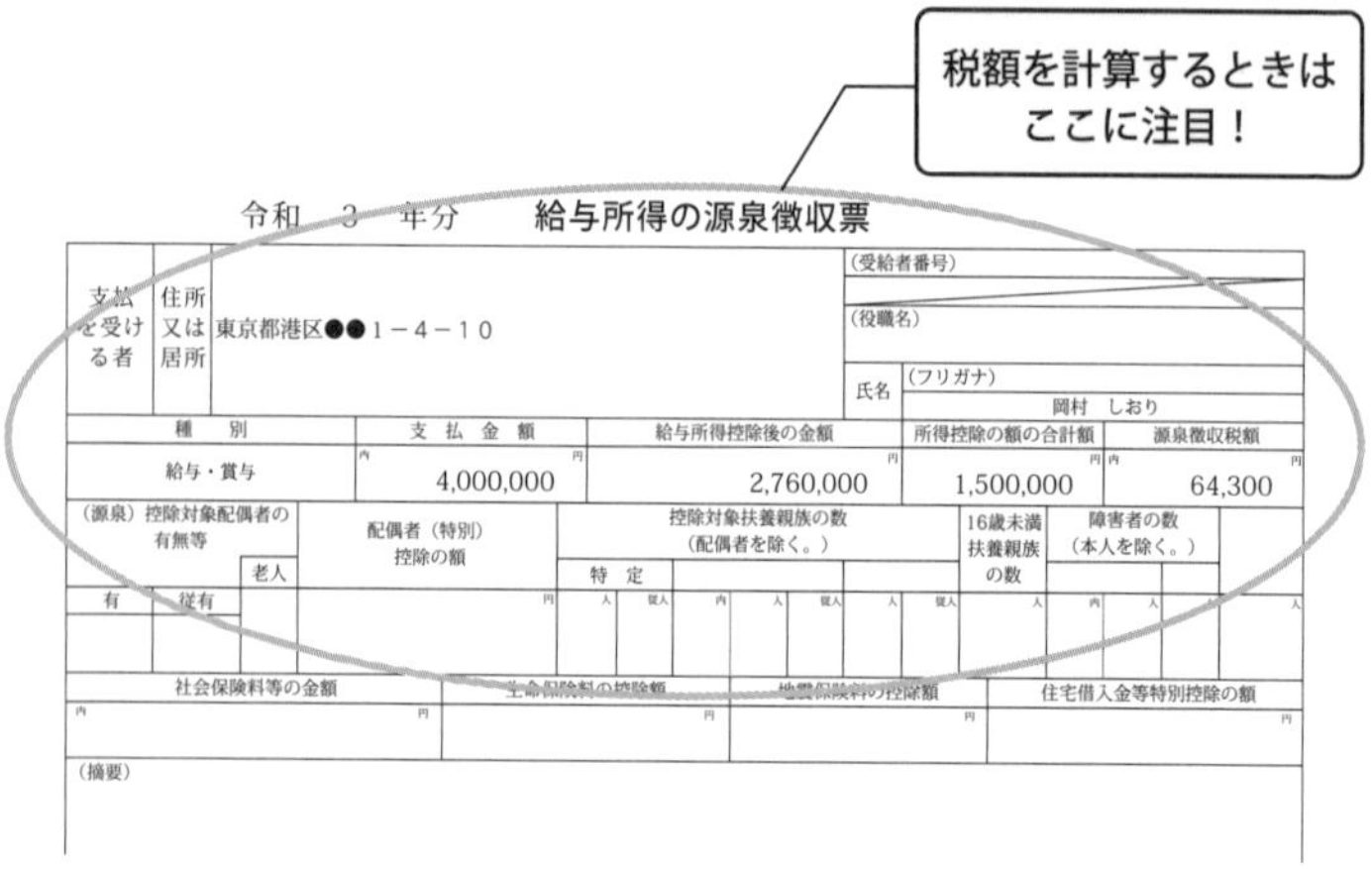

図1－11　収入が会社からの給与のみの場合の所得税

ステップ①　各種所得の計算	給与所得の金額　2,760,000円
ステップ②　所得金額の合算	2,760,000円
ステップ③　所得控除の計算	1,500,000円
課税所得金額	2,760,000－1,500,000＝1,260,000（円）
ステップ④　税額の計算	1,260,000×5%＝63,000（円）
ステップ⑤　税額控除	0円
ステップ⑥　復興特別所得税	63,000×2.1%＝1,323（円）
ステップ⑦　源泉所得税	64,300円
納める税金	63,000＋1,323－64,300＝23円（100円未満切り捨て）

ステップ①　各種所得の計算　２７６万円

これは源泉徴収票の「給与所得控除後の金額」というところの金額そのままです。

ステップ②　所得金額の合算　２７６万円

ここは、ステップ①の金額がそのまま来るのですね。

ステップ③　所得控除の計算　１５０万円

ここは源泉徴収票の「所得控除の額の合計額」というところの金額そのままです。そして、②から③を引きます。ちなみに、この計算をしたあとの金額を「**課税所得金額**」といいます。

課税所得金額

２７６万円－１５０万円＝１２６万円

ステップ④　税額の計算　126万円×5％＝6万3000円

これは、83ページの「所得税額の速算表」（図1-8）を使うのですね。

はい、この場合は1000円から195万円までの欄です。

ステップ⑤　税額控除の計算　0円

源泉徴収票に表示される税額控除は、住宅ローン控除だけです。今回のケースでは住宅ローン控除がないので、税額控除は0円になります。

ステップ⑥　復興特別所得税　6万3000円×2・1％＝1323円

税額控除がないから、ステップ④で出てきた6万3000円に2・1％をかけてるのですね。

ステップ⑦　源泉所得税　6万4300円

ここは源泉徴収票の「源泉徴収税額」というところの金額そのままです。

納める税金
6万3000円＋1323円－6万4300円＝23円（100円未満切り捨てのため0円）

あれ？　税金がゼロになった？

源泉所得税という形で会社の給与から引かれているので、あとから特別納める必要がない、という意味です。

なるほど。

税理士の先生が教える、いますぐ使える税額計算のやり方②
——会社からの給与に加えて副業の収入もあるケース

では、次に副業もしているケースを見ていきます（図1-12）。仮に副業の利益が50万円

図1−12　会社からの給与に加えて副業の収入もある場合の所得税

ステップ①　各種所得の計算	給与所得の金額　2,760,000円 事業所得の金額　500,000円
ステップ②　所得金額の合算	2,760,000＋500,000＝3,260,000（円）
ステップ③　所得控除の計算	1,500,000円
課税所得金額	3,260,000−1,500,000＝1,760,000（円）
ステップ④　税額の計算	1,760,000×5%＝88,000（円）
ステップ⑤　税額控除	0円
ステップ⑥　復興特別所得税	88,000×2.1%＝1,848（円）
ステップ⑦　源泉所得税	64,300円
納める税金	88,000＋1,848−64,300＝25,500円（100円未満切り捨て）

だとしましょう（青色申告特別控除は考慮しない）。

ステップ①　各種所得の計算　給与所得：２７６万円　事業所得：50万円

ステップ②　所得金額の合算　２７６万円＋50万円＝３２６万円

源泉徴収票から読み取れる給与所得の金額に、事業所得の金額をプラスします。

ここ以外の計算方法は、先ほどと同じですか？

はい、金額だけ変わっていますが、計算方法は同じです。

ステップ③　所得控除の計算　１５０万円

課税所得金額

３２６万円－１５０万円＝１７６万円

ステップ④　税額の計算　１７６万円×５％＝８万８０００円

ステップ⑤　税額控除の計算　０円

ステップ⑥　復興特別所得税　８万８０００円×２・１％＝１８４８円

ステップ⑦　源泉所得税　６万４３００円

納める税金

8万8000円＋1848円－6万4300円＝2万5500円

つまり、50万円の利益が出たら、2万5500円の税金（所得税）がかかる、ということですね？

実際には、住民税もあるので、さらに増えます。

住民税はどうやって計算するのですか？

目安としては、利益（事業所得のこと。今回は50万円）に10％をかけます。

じゃあ、所得税2万5500円、住民税5万円、合計7万5500円を払うということですね？

そういうことになります。

税理士の先生が教える、いますぐ使える税額計算のやり方③
——副業で赤字が出てしまったケース

利益が出る場合についていろいろわかりました。ところで、赤字の場合はとくに申告のことは考えなくてもいいですか？

少なくとも、**申告の義務はない**ですね。

義務はない、ということは、権利はあるのですか？

するどいですね！　そのとおりで、申告する権利があります！

やった‼　ところで、申告するとどんないいことがあるのですか？

事業所得だという前提になりますが、税金が還付となります。

税金が戻ってくる！　それは申告しなくては！

あとは、手間と戻ってくる金額との兼ね合いですね。

たしかに。

では、また事例を見てみましょう（図1-13）。88ページの源泉徴収票（図1-10）を前提

図1−13　副業で赤字が出てしまった場合の所得税

ステップ①　各種所得の計算	給与所得の金額　2,760,000円 事業所得の金額　−100,000円
ステップ②　所得金額の合算	2,760,000−100,000＝2,660,000（円）
ステップ③　所得控除の計算	1,500,000円
課税所得金額	2,660,000−1,500,000＝1,160,000（円）
ステップ④　税額の計算	1,160,000×5%＝58,000（円）
ステップ⑤　税額控除	0円
ステップ⑥　復興特別所得税	58,000×2.1%＝1,218（円）
ステップ⑦　源泉所得税	64,300（円）
納める税金	58,000＋1,218−64,300＝−5,082円（還付の場合端数切捨てなし）

として、事業所得の赤字が10万円の場合を考えてみます。

ステップ①　各種所得の計算　給与所得：２７６万円　事業所得：▲10万円

ステップ②　所得金額の合算　２７６万円－10万円＝２６６万円

給与所得の金額から、事業所得の赤字分の金額を引いています。ここ以外の計算方法も先ほどと同じです。

ステップ③　所得控除の計算　１５０万円

課税所得金額

２６６万円－１５０万円＝１１６万円

ステップ④　税額の計算　１１６万円×５％＝５万８０００円

ステップ⑤　税額控除の計算　０円

ステップ⑥　復興特別所得税　５万８０００円×２．１％＝１２１８円

ステップ⑦　源泉所得税　６万４３００円

納める税金

５万８０００円＋１２１８円－６万４３００円＝▲５０８２円（還付の場合端数切り捨てなし）

さらに、住民税も目安として、赤字金額の10％（10万円 × 10％＝1万円）の還付となります。ただし、厳密には翌年度の給与から控除される住民税が減額となります。

この場合、申告すれば、約5000円と1万円の合計で1万5000円くらいの還付なんですね？

はい、そのとおりです。

利益が20万円以下なら、所得税の確定申告は不要！

そういえば、STEP0で副業の場合だと利益20万円までは申告しなくていいと言っていたような気がするのですが、詳しく教えてください！

だいたい文字どおりの意味です。

だいたい!?

原則として、**利益20万円以下の場合、所得税の確定申告は不要**です。

ということは、例外があるんですね？

はい、例外と言うとちょっとニュアンスが変わるのですが……。

どんな場合があるのですか？

たとえば、医療費控除やふるさと納税のために確定申告をする場合です。

会社員でも税金の還付を狙うために申告することがありますよね。

そうです。確定申告は原則としてすべての所得を申告しないといけませんので、もし、医療費控除やふるさと納税を申告する場合は、事業の部分も含めて申告をしなければなりません。

じゃあ、他に申告する用事がなければ、申告しなくていいですか？

はい、そうなります。

6 副業が会社にバレないようにするには？

会社に副業がバレる「本当の理由」

あと、気になってることがもうひとつあるんですけど……。

はい、なんでしょう？

確定申告をすると、副業が会社にバレるって本当ですか？

限りなく「違う」と言いたいですが、少し本当です。

うちの会社は副業ＯＫだから、一応問題ないのですが、いまはまだ知られたくないので、できるだけバレないようにしたいんです。

実際のところ、**確定申告をきっかけとして副業がバレるというケースは非常に少ない**です。

そうなんですね。よかった〜。

では、いったん視点を逆にしますね。副業が会社にバレるのはどんなときでしょう？

バレるとき？　確定申告でバレるってこと以外にですか？

そうです。いったん確定申告を忘れて、確定申告以外でバレるケースを考えてみましょう。

自分が出演している動画が見つかるとか？

それもありますね。他には？

有名になってテレビに出演した場合!?

それも正解です。まだまだありますよ。

仕事中に動画編集するとか。私はそんなことしないけど、もしそういう人がいたらって意味で。

いいですね。意外と無視できないのがそういう理由です。その他、夜遅くまで副業に熱心に取り組むあまり、寝坊して遅刻するとか、仕事中に居眠りするとかですね。

たしかに、それは怪しまれますし、会社に迷惑をかけていますね。

そうなんです。端的に言えば**「会社に迷惑をかける行為」でバレるケースが多く、会社も**

毅然と対応をする必要があります。

言われてみればそうですね。

バレるリスクを最小限にする㊙テクニック

でも、確定申告がきっかけで会社にバレることも、なくはないんですよね？

はい。会社に迷惑をかける行為にくらべれば非常に可能性は低いですが。

やっぱり気になるので、詳しく教えてもらえますか？

そうですね。大事ですので、説明しましょう。まずは、問題が起きないケースから。

どんなケースですか？

住民税のお知らせが袋とじになっているケースでは、まずバレません。

？？？

順を追って説明しましょう。まず、副業を確定申告すると、所得税で追加の税金がかかるので、それを自分で支払います。次に、お住まいの市区町村で住民税（都道府県や市町村への税金）が計算されます。そして、**住民税は原則として会社の給料から引かれるし**

図1−14　住民税を自分で払うためにマルをつける部分

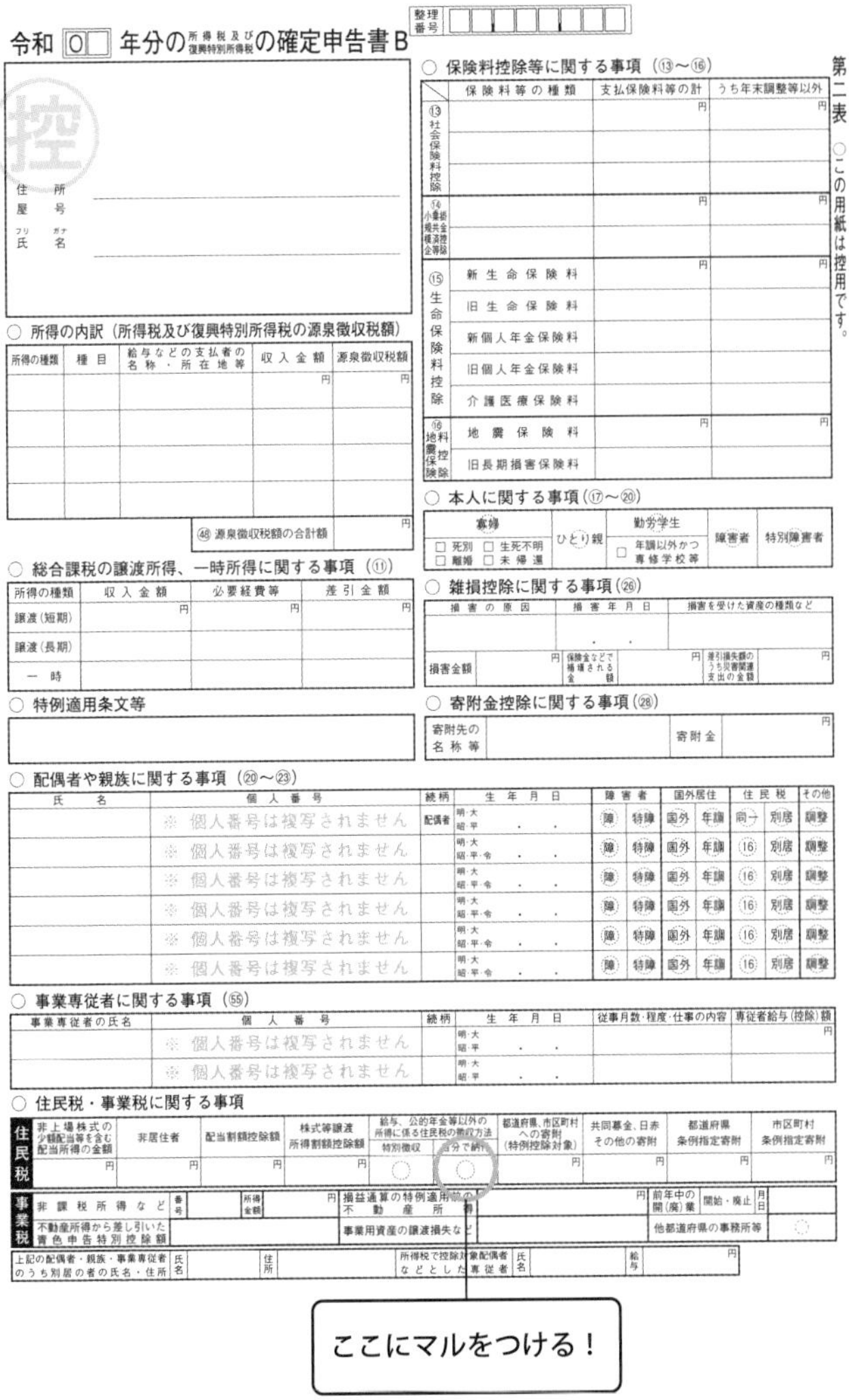

令和 〇 年分の所得税及び復興特別所得税の確定申告書B

整理番号

控

住所
屋号
フリガナ
氏名

第二表　○この用紙は控用です。

○ 所得の内訳（所得税及び復興特別所得税の源泉徴収税額）

所得の種類	種目	給与などの支払者の名称・所在地等	収入金額	源泉徴収税額
			円	円
			㊽ 源泉徴収税額の合計額	円

○ 総合課税の譲渡所得、一時所得に関する事項（⑪）

所得の種類	収入金額	必要経費等	差引金額
譲渡（短期）	円	円	円
譲渡（長期）			
一時			

○ 特例適用条文等

○ 保険料控除等に関する事項（⑬〜⑯）

	保険料等の種類	支払保険料等の計	うち年末調整等以外
⑬ 社会保険料控除		円	円
⑭ 小規模企業共済等掛金控除		円	円
⑮ 生命保険料控除	新生命保険料	円	円
	旧生命保険料		
	新個人年金保険料		
	旧個人年金保険料		
	介護医療保険料		
⑯ 地震保険料控除	地震保険料	円	円
	旧長期損害保険料		

○ 本人に関する事項（⑰〜⑳）

寡婦	ひとり親	勤労学生	障害者	特別障害者
□ 死別 □ 生死不明 □ 離婚 □ 未帰還		□ 年調以外かつ専修学校等		

○ 雑損控除に関する事項（㉖）

損害の原因	損害年月日	損害を受けた資産の種類など
	. .	
損害金額　円	保険金などで補填される金額　円	差引損失額のうち災害関連支出の金額　円

○ 寄附金控除に関する事項（㉘）

寄附先の名称等		寄附金	円

○ 配偶者や親族に関する事項（⑳〜㉓）

氏名	個人番号	続柄	生年月日	障害者		国外居住		住民税		その他
	※ 個人番号は複写されません	配偶者	明・大 昭・平 . .	障	特障	国外	年調	同一	別居	調整
	※ 個人番号は複写されません		明・大 昭・平・令 . .	障	特障	国外	年調	16	別居	調整
	※ 個人番号は複写されません		明・大 昭・平・令 . .	障	特障	国外	年調	16	別居	調整
	※ 個人番号は複写されません		明・大 昭・平・令 . .	障	特障	国外	年調	16	別居	調整
	※ 個人番号は複写されません		明・大 昭・平・令 . .	障	特障	国外	年調	16	別居	調整
	※ 個人番号は複写されません		明・大 昭・平・令 . .	障	特障	国外	年調	16	別居	調整

○ 事業専従者に関する事項（㊺）

事業専従者の氏名	個人番号	続柄	生年月日	従事月数・程度・仕事の内容	専従者給与（控除）額
	※ 個人番号は複写されません		明・大 昭・平 . .		円
	※ 個人番号は複写されません		明・大 昭・平 . .		

○ 住民税・事業税に関する事項

住民税	非上場株式の少額配当等を含む配当所得の金額	非居住者	配当割額控除額	株式等譲渡所得割額控除額	給与、公的年金等以外の所得に係る住民税の徴収方法 特別徴収	自分で納付	都道府県、市区町村への寄附（特例控除対象）	共同募金、日赤その他の寄附	都道府県条例指定寄附	市区町村条例指定寄附
	円	円	円	円	○	○	円	円	円	円

事業税						
非課税所得など	番号	所得金額　円	損益通算の特例適用前の不動産所得	円	前年中の開（廃）業	開始・廃止 月日
不動産所得から差し引いた青色申告特別控除額			事業用資産の譲渡損失など		他都道府県の事務所等	○

上記の配偶者・親族・事業専従者のうち別居の者の氏名・住所	氏名		住所		所得税で控除対象配偶者などとした専従者	氏名		給与	円

図1−15　住民税を自分で払うためにマルをつける部分（拡大）

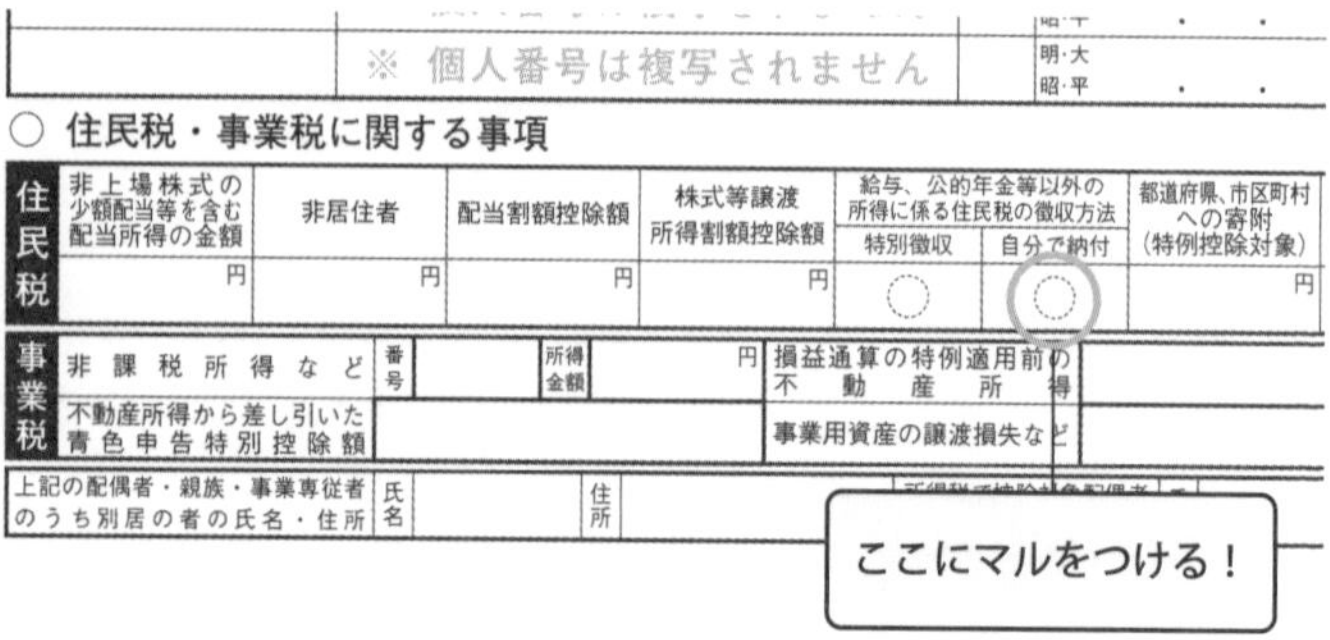

くみになっています。問題はこの引かれる金額です。

所得税だけではなく、住民税でも追加の税金があるんですよね？

そうです。その追加の税金を自分で支払うようにする必要があります。

そうか！　**住民税の追加の税金を自分で払えば、会社には普通の金額だけが知らされる**のですね？

基本的にはその考え方でＯＫです。

じゃあ、副業による追加の住民税を自分で払う方法を知っていればいいのですね？

その方法をいまから説明します。

お願いします。

やることは簡単です。**確定申告書に一か所マルをつけるだけ**です（図1−14、図1−15）。

おー、カンタン!!

こうすると、追加の住民税の支払い用紙が直接自宅に届きます。

やったー！

明細の届き方は市区町村によって違う

問題はこのあとです。会社への通知がどのように届くかです。

届き方がいろいろあるのですか？

住民税の追加の部分を自分で支払う選択をした場合、会社で本人から控除する住民税は、副業が関係ない金額となります。ところが、その金額の計算根拠について毎年6月ごろに「地方自治体→会社→本人」と明細が送られてきます。

私の明細が会社経由で届くのですね。

この明細が袋とじになっていれば、副業の事実はバレません。**明細は市区町村ごとにフォーマットが違うので、市区町村によって、袋とじになっているかどうかが変わります。**

なるほど！　でも、袋とじになっていなかったらどうするのですか？

そうなんです。追加の税金を自分で支払うように手続きをしても、明細に事業所得の金額が書かれてしまうと、見つかるリスクがあります。

それは困りますね。

そうなんですよ……。さらに事業が赤字で還付を狙う場合や、仮に黒字だとしても、医療費控除やふるさと納税などでトータルの税金がマイナスになる場合は、還付だけ自分に直接、ということもできず、実際に会社で引かれる税額も変わってしまいます。

絶対にバレたくないのなら、「申告しない」という選択肢もある

じゃあ、結局のところ、どうしたらいいですか？

気をつけるべきは、「住民税の通知が袋とじになっていない」かつ「トータルで税金が還付される（戻ってくる）申告をする」ケースです。

袋とじになっていなくても、税金がプラスの場合は大丈夫なのですか？

１００％とは言えませんが、基本的には副業に関することは記載されません。

還付の場合はどうなるのですか？

還付の場合、還付される内容を書かないと税額が計算できないので、全部書かれてしまうのです。

そうなんですね……。この場合、「還付はいらないから申告もしない」というのはＯＫですか？

はい、還付は納税者の権利なので、その権利を使わないこと自体はＯＫです。**一番安全度の高い方法をとるなら、「申告をしない」という方法がいい**です。

リスクを覚悟で申告するのもアリですか？

そもそも会社で副業を禁止しているのに副業を行うのはどうか、というのはありますが、「副業が認められていても、できれば会社にバレたくない」というケースでしたら、申告するのもひとつの選択肢です。

ぶっちゃけ、どのくらいバレますか？

うーん、いい質問ですが、なんとも言えませんね。実際のところ、経理担当者が各社員の税金の通知を細かく見ているかといえば、見てないです。

そうなんですか？

経理担当者には、別途専用の書類（だれからいくら住民税を徴収するか書かれている書類）があって、そちらはきちんと見ています。

たしかに、正確に税金を徴収するのは大事ですね。

ところが、その金額の計算過程は、直接は仕事にかかわってこないので、いちいち個別のものを見ているヒマはない可能性が高いです。とはいえ、どのくらい見ているかは、ひとそれぞれなので、なんとも言えません。

そうか……。

副業がバレないようにするポイント

- 住民税を自分で支払うようにするため、確定申告書の第二表に一か所マルをつける
- 自治体から会社経由で受け取る住民税の通知が袋とじになっていればＯＫ
- 袋とじになっていない場合、追加の税金を自分で支払えば、ほぼ大丈夫
- 住民税が減額となる場合、注意が必要

STEP❶ まとめ

・開業の日とは、遅くとも実際に収入があった日
・本業なら事業所得、副業なら雑所得が基本だが、例外もある
・青色申告の申請は早めに行う（期限に注意）
・レシート類は、もらったものをそのまま保存
・紙でもらえないものは、ＰＤＦファイルを保存

Column

売上300万円以下だと事業所得にならない?

もともと事業所得と雑所得を分ける客観的な指標はなかった

事業所得と雑所得の違いについて、本文では4つの要件をあげました。改めて補足を含めて紹介します。

収入が事業所得とみなされるためのポイント

・**反復継続性がある**…繰り返し収入が発生する
・**営利性がある**…利益を得ることを目的としている
・**リスクを負っている**…なにかあったときに自分にリスクがある
たとえば依頼された仕事ができなかった場合、売上がもらえないなど（給与の場合は、一定の時間仕事をすれば、結果にかかわらず受け取れる）
・**事業をしていると認知されている**…客観的に事業をしているとわかる
たとえばホームページやＳＮＳなど事業に関する発信をしている、実店舗があるなど

これらは、過去の裁判の結果から言われていることで、これらのポイントを全体的に考えて結論を出す、ということになっています。内容としてはわかるのですが、具体的・客観的な指標がない状況です。

所得税法通達の改正で、一定の基準が示された

そこへ、２０２２年10月7日に所得税基本通達の改正が発表されました。通達の35－2で、

雑所得に関する説明が変更されました。
当初の改正案では「年間の売上300万円以下の場合はとくに反証がない限り、業務に係る雑所得とする」とありましたが、かなりの批判があったため、最終的に発表された通達では、次のようになりました。

・事業所得か雑所得かは、その所得を得るための活動が、社会通念上事業と称するに至る程度で行っているかどうかで判定する
・年間の売上300万円以下で帳簿書類の保存がない場合は雑所得とする

さらに、国税庁は通達の（前記のことに関する）解説も発表しました。要点は次のとおりです。

次のような場合には、事業所得か雑所得かを個別に判断する

①　たとえば（副業の）収入金額が例年（3年程度）300万円以下で、本業（給与）に対する割合が10％未満の場合

②　活動に営利性が認められない場合（例年赤字で、かつ、赤字を解消するための取組を実施していない場合）

※「赤字を解消するための取組を実施していない」とは、収入を増加させる、あるいは所得を黒字にするための営業活動等を実施していない場合をいいます。

収入増を目指しているのであれば、「300万円問題」は関係ない

①の冒頭に「たとえば」と書いてあるとおり、ここで10％という基準を出していますが、この基準だけで機械的に判断はしない、ということがわかります。

また、この通達改正の趣旨は**「副業でわざと赤字を出して本業の所得と相殺して税金を減らす人を取り締まる」**ことです。したがって、国税庁側としては、②が一番言いたいことです。

読者のみなさまは副業で収入（所得）を増やすことを目指していると思いますので、この通達改正は気にしなくていいことになります。

しかし、給与収入と副業の赤字を相殺する申告が複数年続く場合は注意が必要です。大体3年を超えて続くと、②に該当していないか確認される可能性があります。

また、これまでも事業を行う場合には記帳（帳簿をつける）を行う義務がありましたが、雑所得との区別という意味でも記帳がポイントになるので、簡単でいいので帳簿をつけることをオススメします。

Column

レシートも領収書も発行されない取引の記録

交通費は一覧表でまとめて記録!

「電車・バスでの近距離移動や割り勘での飲食代など、取引の記録が先方から発行されないケースでは、どのようなものを保存したらよいでしょう?」

ときどきこの質問を受けるので、回答します。

考え方としては、64ページにも書いた、**4つの要素がわかるようにすること**です。もう一度、

図1−16　交通費の記録

交通費精算書　　20XX年11月分

利用年月日	入場駅	出場駅	金額	メモ
20XX/11/20	A駅	B駅	180	取引先Xと打ち合わせ（行き）
20XX/11/20	B駅	C駅	220	取引先Yと打ち合わせ（行き）
20XX/11/20	C駅	B駅	220	〃　（帰り）
20XX/11/20	B駅	A駅	180	取引先Xと打ち合わせ（帰り）
		合計	800	

4つの要素を見てみましょう。

①日付
②金額
③相手先（お金を支払ったお店や会社の名前）
④内容（購入した商品や支出の目的）

交通費の場合は、出発点と行き先を書けば、必然的に交通費とわかります。あとは移動の目的を書けば、③と④はクリアです。①と②も問題ないでしょう（図1−16）。

近距離移動が多い場合は、交通費の記録を一覧表で記載してもいいですし、切符が発行されて、

図1－17　出金伝票の書き方

降車時に回収されるケースでしたら、切符の写真を撮ることも有効です。

飲食代はメモか出金伝票に手書きで記録

一方で、飲食代などについては、飲食店のレジ付近にある名刺サイズのお店紹介のカードをもらってきて、余白に①②④を記載するのも有効です。メモ用紙などに①～④を記載して保存してもいいです。

この際に真っ白なメモ用紙だと書きづらいという方は、100円ショップなどで販売されている出金伝票に記載する方法もあります（図1－17）。

祝
祝
OPEN

STEP 2

月収2万円

副業が軌道にのってきたら、
賢く抜け目なく
「損」を減らそう

1 知らないと損する「経費」のぶっちゃけ話

「経費を増やせば税金が減る」ロジック

先生、私、副業が軌道にのってきました！

それはよかったです！

安定して月収が2万円くらいになってきました。

年間で24万円となると、副業での所得税の確定申告義務があるかもしれませんね。

そうなんですよ。そこで、今回はどうにか申告をしなくてすむように、と相談に来ました。

それって、節税の相談ですか？

図2−1　税金を減らす三段論法

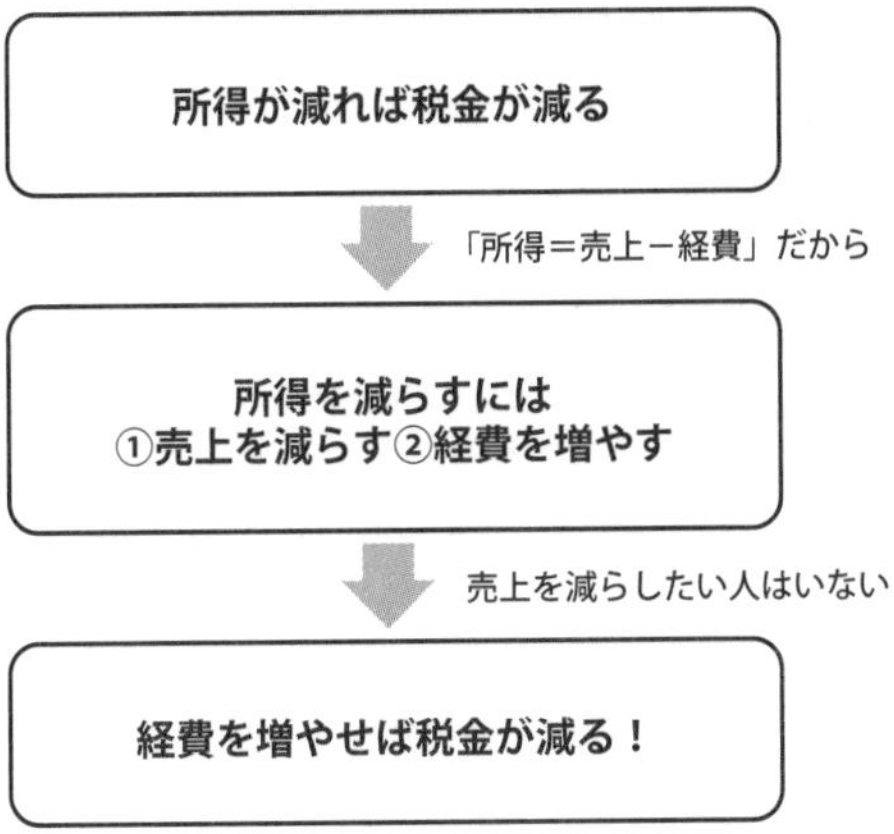

さすが先生！　話が早い！

節税を考えるときは、まず経費から出発することをオススメします。

経費、ですか？

STEP1でお話ししたとおり、税金は所得（＝利益）に対してかかります。

ざっくり言うとそういうことでしたね。

ということは、所得が減れば税金が減るのです。**「所得＝売上－経費」**ですので、所得を減らすには、売上を減らすか、経費を増やすしかありません。

だからといって、売上を減らす人はいないですよね？

そうですね。だから、結局のところ、**経費を増やせば所得が減る。所得が減れば税金**

が減る。つまり、経費を増やせば税金が減るのです（図2−1）。

おおっ！　キレイな三段論法!!!

でしょでしょ？

ところで先生、経費ってどこまでが経費なんですか？

……（考え込む）。

どうしました？

やっぱりそうなりますよね。

え？　私、なにかマズイこと言いましたか？

いいんです。しおりさんはなにも悪くありません。ただ、このＳＴＥＰ２は経費の話だけで終わるってだけです。

もしかして、経費の話って……。

とてつもなく膨大です。

そんな……。

まあ、ひとつずついきましょうか。

じつは奥深い経費の世界
——そもそも経費ってなんなのさ!?

ひとつずつ、と言いましたが、なにから教えてくれるのですか?

まずは経費の定義です。

なーんだ。定義があるなら、どこまで経費か決まるじゃないですか。

じゃあ、いきますよ。これが経費の定義です。

所得税法第三十七条　必要経費

その年分の不動産所得の金額、事業所得の金額又は雑所得の金額（事業所得の金額及び雑所得の金額のうち山林の伐採又は譲渡に係るもの並びに雑所得の金額のうち第35条第3項（公的年金等の定義）に規定する公的年金等に係るものを除く。）の計算上必要経費に算入すべき金額は、別段の定めがあるものを除き、これらの所得の総収入金額に係る売上原価その他当該総収入金額を得るため直接に要した費用の額及びその年における販売費、一般管理費その他これらの所得を生ずべき業務について生じた費用（償却費以外の費用でその年において債務の確定しないものを除く。）の額とする。

ん？　いまなにかおっしゃいましたか？

ほーらね、いままでこの部分をちゃんと聞いてた人、いませんから。

だって、なにかの呪文のようにしか聞こえないんですよ！

しょうがないなぁ……。ではもう少しカンタンに言い換えますね。

必要経費の定義をかみ砕くと

① 仕入など、売上に直接対応する支出
② 利益を得るため・仕事に関係する支出

急にわかりやすくなりましたね！

基本的には、このとおりです。①はいいですね。②についても、仕事に関係ある支出が経費、ということはスンナリ頭に入ると思います。しおりさんの場合でしたら、どんなものがありますか？

動画撮影用の機材とか、撮影に使う小道具とかでしょうか。

いま言ったものでしたら、確実に経費といえますね。

まずは「仕事に使うか」考えてみる

そうですね。って、これで話終わりっぽくないですか？

では、最近買ったものをなにかあげてみてください。

じゃあ、昨日買ったお漬物！

それ、なにに使いましたか？

なにって……。家の冷蔵庫に入っています。今夜にでも食べようかと。

ご自身の食事ということでしたら、仕事に関係ないから、経費にはならないですね。

そうですね。

ここでのポイントは、**「漬物は経費にならない」**ではなく**「漬物を仕事に使っていないので経費にならない」**ということなのです。

ということは、**仕事に使えば経費になる**のですか？

そうです。たとえば、漬物を使った料理の動画を投稿するとか。

きゅうりを買ってきて、ぬか床につける動画なら、きゅうり代は経費になりますか？

そうなりますね。

実際はそういう動画サイトじゃないから、経費にならないのですね。

ですね。動画のジャンルという視点もありますし、その人の仕事内容という視点もあります。

仕事内容、ですか？

たとえば、マンガ家の人が研究のためにマンガを買ってきたら、経費になります。でも、私が普通のマンガを買ってきてもダメです。

税理士が仕事でマンガを読む必要はない、ということですね。

そのとおりです。

図2−2　ひとりで飲食した場合のレシート

○○コーヒー
□□□□□□□□□□店
TEL 00-0000-0000

1 T ｷｬﾗﾒﾙﾏｷｱｰﾄ	420
本体合計（1点）	4 2 0
（消費税	33）
総合計	4 5 3
現金	1,053
お釣り	600

01234567891 123456 20XX05/26 17:50:07

経費の実例① ひとりでの飲食代

なんだか経費の奥深さに踏み込んだ気がしてきました。

ですよね？　では、さらにいろいろな例を見ていきましょう。まずはコチラ（図2−2）。

これは経費になると思いますか？

うーん、○○コーヒー店でキャラメルマキアートを買った……。え？　これだけじゃわからないです！

正解！

え？　わからないが正解!?

これだけでは、経費になるかどうかはわかりません。状況次第です。

そうか、状況か……。たとえば、私がだれかと打ち合わせをするのに、それぞれが自分の分だけ買ったとしたら、経費になりますか？

それでしたら経費になります。

他には、なんだろう？

しおりさんの場合でしたら、〇〇コーヒー店で動画の台本作成や、編集作業を行った場合でもいいですね。

それもＯＫなんですか？

家よりアイデアが出るとか、出かけている合間の時間を活用するとか、**喫茶店で作業をすることに意味があれば、経費となります**。

だから状況次第なんですね！

経費の実例② 複数人数での飲食代

次の事例にいきましょう（図2-3）。

回転寿司で5人で食事……。

図2−3　複数人数で飲食した場合のレシート

○○○
寿司

□□□店　00-0000-0000

□□市□□区□□1—1—1

20XX年5月3日（木）12時18分000101

フライドポテト		
	@280×　3	¥840外
ハンバーグ		¥100外
本まぐろ入りネギトロ		¥200外
サーモン		
	@100×　2	¥200外
揚げたて海老天		
	@150×　3	¥450外
カルビ		¥100外
自家製ﾃﾞｶﾈﾀ玉子すし		
	@100×　3	¥300外
マグロ尽くし3貫		¥200外
サーモン親子		
	@300×　2	¥600外
塩ダレ炙りマグロ		¥150外
究極の中トロ		¥200外
タコ		¥100外
地イカ（1貫）		¥200外
ネギトロ軍艦		¥100外

伝票No.　25　ﾃｰﾌﾞﾙNo.　22

小　計　額		¥3,740
割引		
	10%	-374
外　税		¥336
合　計		¥3,702
預／現計		¥5,000
お　釣		¥1,298
合計点数		22点

０１扱責任者　No.8091　5名

また状況を考えてみてください。

副業をやっている仲間で集まったとか？

いいですね。仕事仲間で飲食しながら情報交換やアイデア出しをしている場合は経費となります。

動画の出演者に収録前とか収録後にごちそうした場合はどうですか？

それもＯＫです。ごちそうした、という場合は、「**交際費**」になります。

交際費、ですか？

これまでのケースでは、打ち合わせという側面が強かったので、科目を決めるなら「**会議費**」になります。ところが、会議という側面がなくても、関係者と広い意味で仕事を円滑に進めるために、ごちそうしたりプレゼントしたりする場合は、「交際費」という意味合いで経費になります。

なるほど！

ちなみにこのレシート、実際は私が家族と食べに行ったものなので、経費にはなりません。

いいなー、私もお寿司食べたい！　交際費、交際費！

……次にいきましょう。

仕事とプライベートの「両方」で使うものも部分的に経費になる

先生、質問です！

はい、なんでしょう？

このスマホ、自分のつくった動画のチェックに使ったり、情報収集に使ったりしているから、経費になりますよね。でも、プライベートでもこのスマホを使ってるんです。この場合は、どうしたらよいのでしょうか？

いい質問ですね。スマホのように、仕事とプライベートの両方で使うものはいろいろあります。

家のネット回線とかもですか？

そのとおり！　このようなものは、**部分的に経費にできます**。

部分的？

図2−4　仕事とプライベートの両方で使う電気代の記録

1月31日	1月分電気代	20,000
2月28日	2月分電気代	22,000
3月31日	3月分電気代	17,000
4月30日	4月分電気代	15,000
5月31日	5月分電気代	16,000
6月30日	6月分電気代	17,000
7月31日	7月分電気代	20,000
8月31日	8月分電気代	21,000
9月30日	9月分電気代	20,000
10月31日	10月分電気代	16,000
11月30日	11月分電気代	15,000
12月31日	12月分電気代	19,000
		218,000

経費　50%　109,000

スマホやネット回線料でしたら、**仕事とプライベートで使っている時間の割合**で考えます。

割合ですか……。じゃあ、使った時間の記録をつけないとダメですか？

1年間ずっと記録をつけ続けるのは、現実的ではないですね。

そうですね！

たとえば、**1週間くらい記録をとってみるなど、ある程度割合が推測できれば大丈夫**です。

1週間ならどうにかなるかな。

どこまでいっても「ガチガチに正確に」ということは難しいので、実態と大きくはずれていなければいいです。

ところで、こういうものって、簡易な帳簿ではどういうふうに記録したらいいですか？

これは説明するより先に、帳簿の例を見てみましょう（図2-4）。

電気代の集計ですね。

電気代は50％経費、という例です。まず毎月の金額は、いったん全額を書いています。

明細に書いてある金額をそのまま写しているのですね？

そうです。そして、1年分の合計を計算してから、最後に50％の金額を求めています。

毎回50％を計算するよりラクチンですね！

税理士の先生が教える、上手な経費の増やし方①
——経費の範囲を広げる魔法のコトバ「これは仕事に関係あるかな？」

ここまで経費の範囲をいろいろ見てきましたが、イメージはわいてきましたか？

はい！

では、節税するためにはどうしたらいいか、わかりましたか？

経費を増やせばいいのですよね。

そうですね。では、どうやって経費を増やしますか？

経費の範囲を広くすればいい、ですか？

そうです！

でも、どうやって広くするんですか？

ひとことで言えば、**お金を支払うたびに「これは仕事に関係しているかな？」と考える**ことです。

たしかに、毎回考えていれば、たくさん経費が出てきそうですね。

税理士の先生が教える、上手な経費の増やし方②
——定期的に見落としがないかチェックする

でも、忘れることもありますよね。

そうですね。なので、定期的に見落としがないかチェックするのが大切です。

どんなことをしたらいいですか？

たとえば、**通帳・カード明細を見返す**のです。

履歴を見て、経費に入れ忘れたものがないかを確認するのですね。

そうです。また、仕事用の通帳・カードだけではなく、プライベートのものも見返したほうがいいです。

どうしてですか？

うっかりプライベートの口座やカードで支払っているケースがあるかもしれないからです。

なるほど。

あるいは、支払うときは仕事という意識がなかったけど、結果として仕事との関連が高くなった、ということがあるかもしれません。

おおっ！　言われてみれば、あとから仕事になったものを見逃してるかもしれないですね！　他には見落としがないか探す方法はありますか？

過去のスケジュールを見返すのもいいです。交際費（飲食費）、交通費の見落としが出てくることがあります。

領収書がないから見落としているかもしれないですね。

税理士の先生が教える、上手な経費の増やし方③
——「副業をしなくても支払いがあるもの」に注目

他にも、なにか方法はありますか？

お手軽に効果が得られるものは「副業をしなくても支払いがあるもの」です。

どんなものですか？

一番効果が大きいのは、賃貸物件に住んでいる場合の家賃ですね。

なるほど！　副業をはじめたりやめたりで家賃は変わらないですね。

そうです。そして副業をはじめたら、ある程度は仕事用のスペースができると思います。仕事用のスペースが住まい全体のどのくらいかで、家賃を部分的に経費に入れることができます。仕事とプライベートが混ざった家賃という考え方です。

もしワンルームに住んでいて、仕事をする場所で他のこともする、という場合は、仕事用のスペースってどう考えたらいいですか？

たしかに、それでは明確な区別ができないですね。それでも、仕事で使っているという事実はありますので、実情にもよりますが、20~40%くらい経費にする余地はあると考えます。どこまでいっても、○%なら絶対ＯＫといえないのが、この話の難しいところですね。

さっき話に出てきた電気代やスマホ、ネット代も同じ考え方ですか?

はい、そうです。副業によって多少利用料金が増えるかもしれませんが、いずれも副業をしているかどうかに関わらず、生活するだけでも払う必要がある費用なので、部分的にでも経費にできれば効果があります。

ところで、もし持ち家でローンを払っている場合はどうなるのですか?

その場合、家賃という概念がないので、家賃を経費にするという技は使えません。

2 「支払っても経費にならないもの」にご用心

「高額のものでもまとめて経費に」はNG！

経費を増やせばいい、ということはわかってきました。節税したかったら高価な機材を買えばよいのですね！

高価な機材については、注意が必要です。

注意!?

青色申告を前提とすると、**30万円以上のものは、すぐに経費にはならない**のです。

私の場合、30万円以上の機材がないので問題ないですが、高いものを買う人は大変ですね。

３００万円の自動車を経費にしたい場合

他の業種になりますが、物品販売を行う人が、仕入に使う自動車を買ったとしましょう。

そうか、自動車なら30万円以上のことが普通にありますね。

この場合、一気に経費にすると問題がおきます。

どういうことですか？

たとえば、３００万円の車を一括払いで買ったとしましょう。さて、この場合３００万円を経費にしたらどうなりますか？

一気に経費が増えて、その年だけ利益が減りますね。

そうですね。では、この年だけ利益が減ったのは、売上が減ったからですか？

車を買ったからです！

ですよね。本来の売上などの活動と違うところで大きく利益が動いてしまうのです。しかも、車って一度買ったら数年は使い続けますよね。そこで、**お金の動きとは関係なく、帳簿上は、購入した金額を何年かに分割して経費にしていく**のです。詳細は図2-5を見

図2−5　300万円の自動車を買った場合の利益

軽自動車ではない新車を300万円で購入
自動車以外の部分で、毎年の利益を500万円とすると、利益は次のとおり

	購入した年（X年）に全額経費とした場合	分割して経費とした場合
X年の利益	500−300＝200（万円）	500−50＝450（万円）
X年の翌年（X＋1年）の利益	500万円	500−50＝450（万円）
X＋2年の利益	500万円	500−50＝450（万円）
X＋3年の利益	500万円	500−50＝450（万円）
X＋4年の利益	500万円	500−50＝450（万円）
X＋5年の利益	500万円	500−50＝450（万円）

てください。購入した年（X年）に購入費300万円を一気に経費にすると、通常の事業での利益は毎年同じはずなのに、X年だけ大幅に利益が下がってしまいます。

だいぶ変わりますね。

ところが実際は、X年に払った300万円の効果は長く続くわけです。そのため、1年目だけに経費を計上してしまうと、事業の実態とかけ離れてしまいます。

車を買った年だけ利益がすごく少なくなりますね。

そこで、**300万円を6年に分割して経費にする**方法を使うことになっています。

車を使っている間、少しずつ経費になっていくのですね。

そうです。これで利益への影響を小さく・長くし

ます。これを専門用語で「**減価償却**」といいます。

あ、それなんか聞いたことあります！　ところで、6年で経費にするっていうのは、ルールがあるのですか？

はい、専門用語で「**耐用年数**」というのですが、購入したものによって異なります。

車の場合は6年なのですね。

軽自動車でない新車なら、という条件がつきますが、そうなりますね。減価償却については、細かいルールがたくさんあるのですが、今回はこれ以上踏み込まないことにします。

よかったー、いまの私にはこのへんが限界です。

ひとまず、**30万円以上のものを買ったら要注意**、ということです。

年をまたぐようなサービスにも要注意！

減価償却は「物」が前提でしたけれど、30万円以上のセミナーとかはどうなるのですか？

今度は金額の基準はないのですが、**時期に注意が必要**です（図2-6）。

図2−6　年をまたぐサービスを経費にするときの考え方

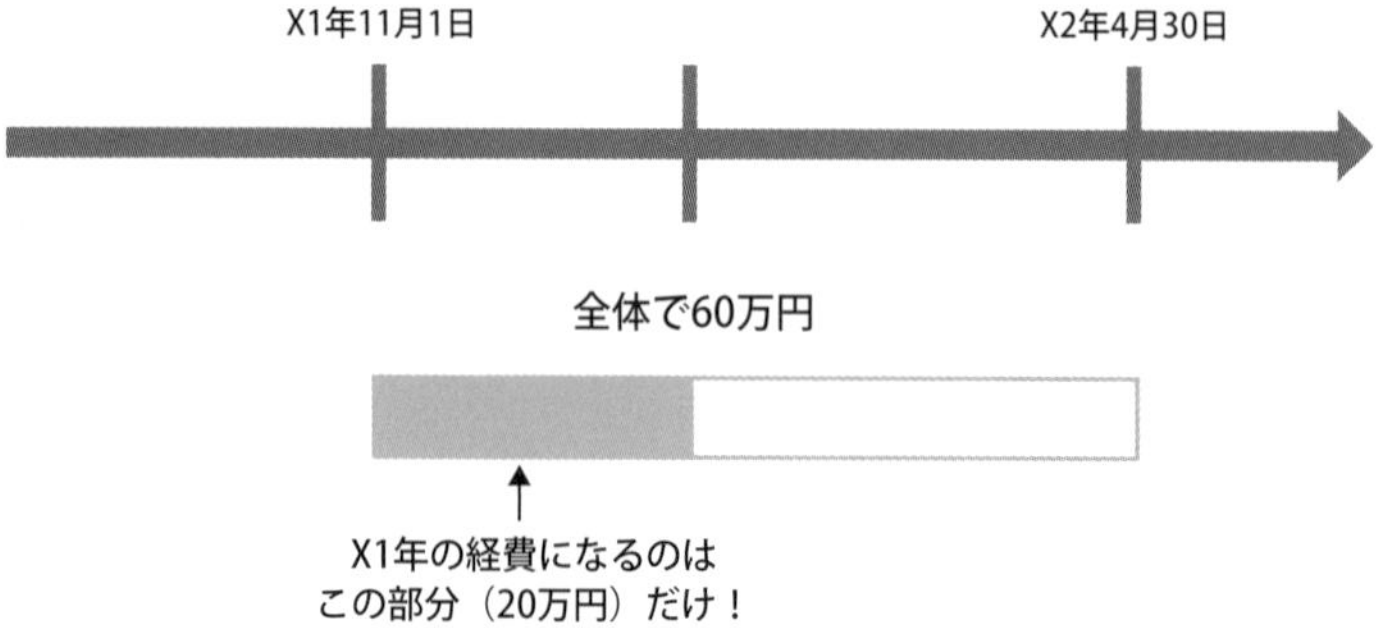

時期、ですか？

確定申告は1月1日から12月31日までの出来事で行います。たとえば、11月〜4月の半年間で60万円の講座を受けるとしましょう。

おおっ、高額だ！

業種によっては、これくらいの金額をポンと払うことがあるのですよ。

私もそのうち受けることがあるのかなぁ。

あるかもですね。さて、この場合で講座開始前に全額支払ったとしましょう。しかし、今年経費になるのは11〜12月分、つまり「60万円×（2か月／6か月）＝20万円」です。

残りは来年の経費になるのですか？

そのとおりです。

3

良い節税、悪い節税

「お金を使わない節税」と「お金を使う節税」

だいぶ経費と節税の話がわかってきました。

よかったです！　とくに前に話した**「副業をしなくても支払いがあるもの」**は、**良い節税の代表例**です。

良い節税！

繰り返しになりますが、とくに家賃はこれまでどおり支払うだけで税金が安くなります。

そう考えるとすごいですね！

ちょっと言い方に問題があるかもしれませんが、**「お金を使わない節税」**ともいえます。

一方で、**「お金を使う節税」**もあります。

どんな方法ですか？

お金を使って経費をたくさん払えば、利益が減って税金が減ります。たとえば、しおりさんの場合でしたら、利益を使って新しい機材を購入するとか。

そうですね。でも30万円以上だとダメなんですよね？

減価償却の話があるので、即効性はなくなってしまいますね。

じゃあ、「税金払うくらいなら、買おうかどうか迷っていたものを買う」というのはいいですか？

それは良い節税です。必要なものを買った結果、税金が安くなるので。

「税金を減らすためになんでも経費に」はキケンな発想

ということは、なんでもガンガン買っちゃえば、税金はドンドン安くなるのですね！

それは正しいといえば正しいのですが……。

あれ？　私なにか変なこと言いましたか？

図2−7　節税と手元に残るお金の関係

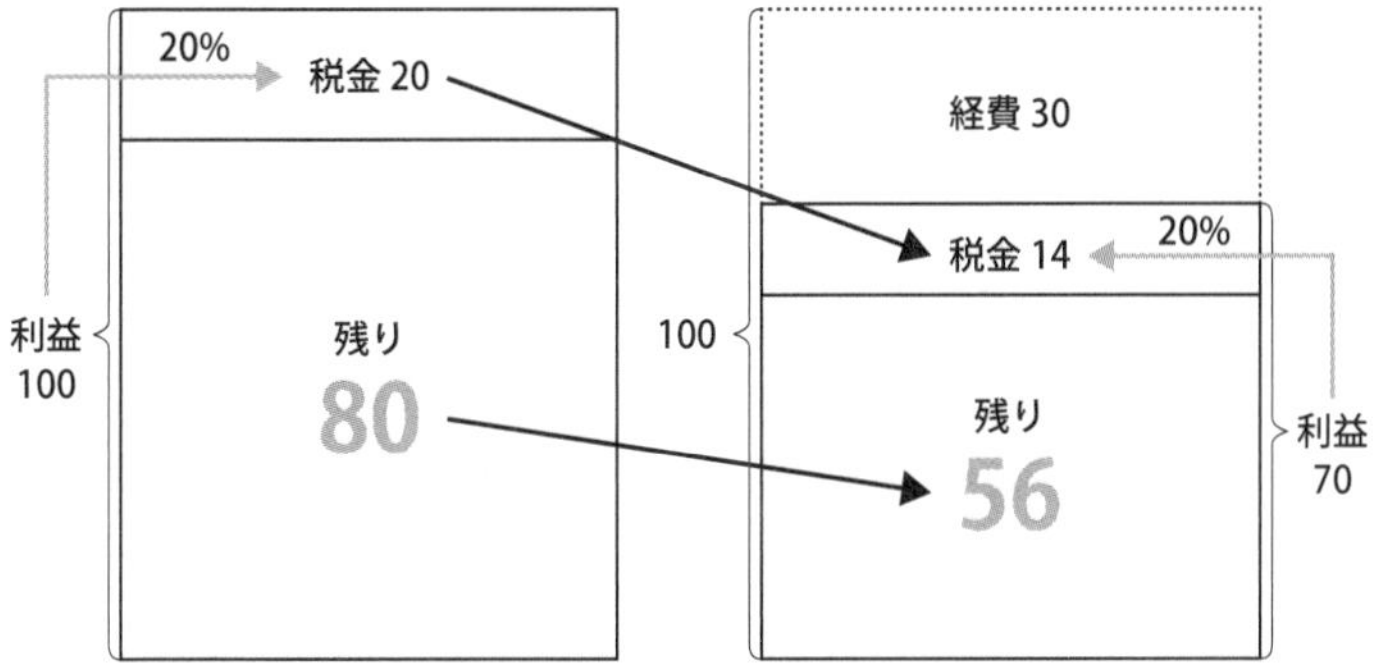

話をシンプルにするために、本来の計算と異なり、
・利益に対して直接税金がかかるものとした
・税率は一律20%とした

たしかに、税金「は」減るんです。ただ、無駄遣いをしてまで税金を減らしたら、どうなりますか？

うーん……。もしかして、お金がなくなっちゃいますか？　でも税金が減るから、どうなんだろう……。

いいところに目をつけましたね。

ホントに!?

では、図2−7を見てください。利益が100あったとします。まずは左側から見てください。税率が20%だとすると、税金は？

100の20%なので、20です。

そうです。最終的に手元に残るお金は？

元の利益が100で、そこから20が税金で引かれるから、100引く20で80になります！

つまり、なにも対策をしなかった場合には手元に80が残ることになります。次に、30を経費として無駄遣いをした場合が右側です。まず、利益はどうなりますか？

30の経費が発生するから、利益は１００引く30で、70ですね。

そのとおりです。では、そこに20％の税金がかかるので……。

税金は70の20％で14になりますね。さっきは20だったから、６の節税になりました！

正解！　では、最後に手元に残るお金は？

70から14を引いて、56。さっきは80だから……。　あれ？　少なくなってる！

そうなんです。**無駄遣いをした節税は、税金は減るけど、お金も減ってしまう**のです。

それだったら、普通に税金を払ったほうが手元にお金が残りますね。

そういうことです。仮に30が必要なものの購入でしたら、純粋に税金が減ったことを喜んでもいいと思います。つまり、大切なのは「**キャッシュを残すこと**」なんです。

言われてみればたしかにそうですね。

こうやって話してみるとわかるのですが、いざ税金を減らしたい、となると、なぜかこの大原則を忘れてしまうことがあるので、注意してください。

はい！

4

副業でも避けては通れない「インボイス制度」

話題の「インボイス制度」はなぜ必要?

ところで先生。

はい、なんでしょう?

2023年10月から「インボイス制度」がはじまるって聞いたんですけど、これは私にも関係しますか?

関係する可能性は十分にありますね。

うわぁ、関係するのか……。そもそも「インボイス」ってなんなんですか?

ひとことで言うと、**取引で支払った、または受け取った消費税の額を証明する書類のこと**

です。インボイスについては、新しい考え方なので混乱もありますしさまざまな意見もあるのですが、まずは、なぜこのしくみができるようになったのか、からお話ししましょう。

お願いします。

これまでの消費税は、簡単にいうと2年前の売上が１０００万円を超えている人が申告をしていました。逆にいうと、売上が１０００万円以下の人には関係ない話だったのです。

そうですね。だから私もまだ消費税の申告というのは意識していませんでした。

でもしおりさん、売上を受け取るとき、消費税もあわせて受け取っていませんか？

言われてみれば……。私が動画をアップしているＯＵＲＴＵＢＥからは消費税10％をプラスされて振り込まれていますね（注）。

この10％の消費税、しおりさん、申告してないですよね？

はい……。

ところが、相手は消費税を支払ったと認識しているのです。

ええ……。

結果として消費税として支払われたお金が国に届いていないのです。

ええ⁉　変な話ですね！

そこで、**今後は「消費税を申告している人だけ消費税を請求できる」というしくみにしよう**、となりました。

なるほど。たしかに税金が国とかに届かなかったら、払っている意味がないですね。

インボイスを使うには、まず「登録番号」の取得から

でも先生。相手が消費税を申告しているかってどうやったらわかるのですか？

そうですよね。いままではそれがわからなかったので、請求されれば払うしかありませんでした。

そのおかげで、私も消費税を受け取っていたのですね。

インボイス制度がはじまると、**消費税を申告している人は「登録番号」というものをもら**

（注）ここではＯＵＲＴＵＢＥという国内の架空の会社という設定で話をしていますが、現実のＹｏｕＴｕｂｅの広告収入は、２０２２年10月現在、支払元が外国法人であるため、消費税の課税対象外となっています。したがって、収入源がＹｏｕＴｕｂｅの広告収入だけの場合、インボイス制度は関係ないことになります。

図2-8　登録申請のスケジュール

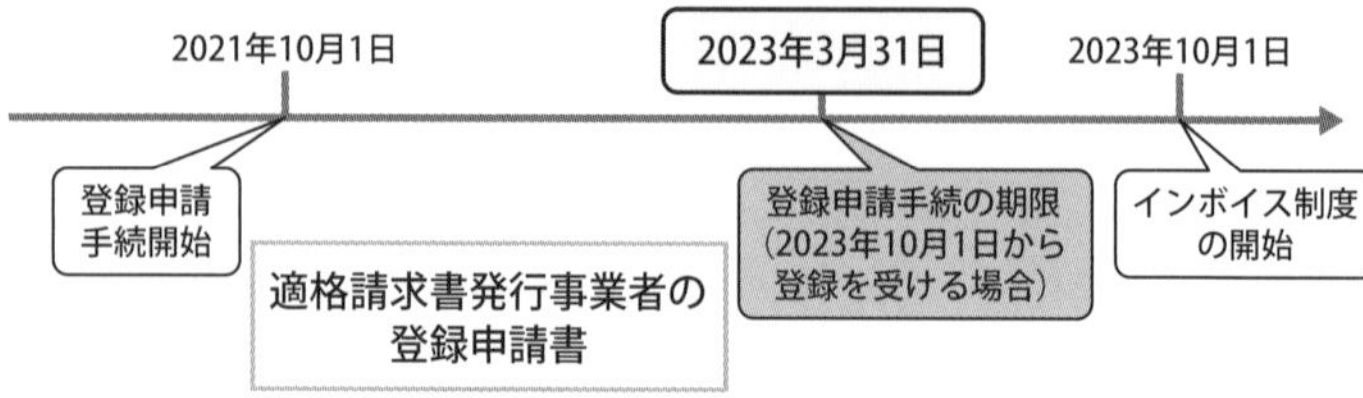

（出所）国税庁ホームページより引用

えるようになります。

番号が手に入るのですね。それは消費税の申告をするともらえるのですか？

いいえ、**申告よりも前に申請をする必要があります**（図2-8）。

別の申請があるのですか？

そうなんです。具体的には**「適格請求書発行事業者の登録申請書」**という書類を提出します。

うわっ、漢字がいっぱい！

２０２３年10月からの登録番号がほしい場合には、原則として**２０２３年3月31日までに提出しなければなりません**。

意外と時間がない！

でも、たとえば２０２３年4月以降に開業する場合など、3月までに提出できなかった事情がある場合は、4月以降の提出も認められています。

ざっくりわかる、インボイスの使い方

それで、登録番号が手に入ったあとはどうするのですか？

取引先から番号を聞かれることがありますので、その際に教えれば大丈夫です。

その他には？

自分から請求書を出す場合に、登録番号を記載する必要があります。

番号を書くだけでＯＫですか？

基本的にはそれで大丈夫です。注意点は、**「消費税率10％」「消費税の金額」を記載すること**です。

なんか、普通の請求書に書かれていそうなポイントですね。

すでにそうなっているものもあると思います。図2-9が請求書の例です。

ところで請求書とインボイスって同じなんですか？

じつはそうではなくて、インボイスは請求書以外の書類でもいいのです。

図2−9　登録番号を記載した請求書の例

請　求　書

請求日：　20××年1月31日
請求番号：

株式会社○○　御中

下記の通りご請求申し上げます。

岡村しおり
〒100-000
東京都千代田区○○町1-2-3
TEL：000-999-000
① 登録番号　T1234567890123

ご請求金額　¥330,000（税込）

品番・品名	数量	単価	金額
1月分動画作成			300,000

② 10%対象合計	¥300,000
③ 消費税 10%	¥30,000
合計金額	¥330,000

備考
いつもご利用いただきありがとうございます。 振込先：○○銀行　○○支店（普通）○○○○○○○ お振込み手数料は御社ご負担にてお願いいたします。 お支払い期限：

①適格請求書発行事業者の氏名または名称及び登録番号（T+13桁の番号）
②税率ごとに区分して合計した対価の額（税抜または税込）及び適用税率
③税率ごとに区分した消費税額等
の明記が必要になる

え？

書類のタイトルはなんでもよくて、**登録番号や消費税率、消費税額などが記載されていればいい**のです。

請求書以外でのインボイスってどのような場合があるのですか？

たとえば、ＯＵＲＴＵＢＥからの支払い明細に登録番号、消費税率、消費税額が書かれていればインボイスになります。

ああ！　そういうことですか！

他にも、コンビニなどのレシートでも、条件がそろっていればインボイスとして成立します。

イメージがわきました！

インボイスを発行すると損をする？
——「比較」から考えるインボイスのメリット・デメリット

ところで、インボイスを発行するということは、消費税を納めるのですよね？　という

図2−10　消費税の計算例（インボイス制度実施前）

前提

- 売上　550万円（消費税50万円）
- 経費　55万円（消費税5万円）

- インボイス制度実施前の利益
  550万円 − 55万円 ＝ 495万円

図2−11　消費税の計算例（免税事業者のままの場合）

- 売上　550万円（消費税50万円）→ 500万円
- 経費　55万円（消費税5万円）

- インボイス制度実施後の利益
  500万円 − 55万円 ＝ 445万円

ことは、手元のお金が減るのですよね？

そうなりますね。

じゃあやめる（インボイスを発行しない）という選択肢はどうなのでしょう？

その場合、**そもそも消費税分がもらえない可能性があります**。

そうか……。結局どちらが得なのでしょう？

具体例で見てみましょう。まずはインボイス制度がはじまる前の計算例は図2-10です。消費税も含めて収入、支出があります。

ここまではシンプルですね。

図2−12　消費税の計算例（課税事業者になる場合、原則課税）

- 売上　550万円（消費税50万円）
- 経費　55万円（消費税5万円）

- 消費税額　50万円 − 5万円 = 45万円

- インボイス制度実施後の利益
550万円 − 55万円 − 45万円 = 450万円

次に、図2−11が登録番号を手に入れず、消費税を申告しないまま（免税事業者）の場合です。

売上は消費税分がもらえなくなってますね。

仮に消費税分がもらえなくなったら、と考えています。

単純に消費税分の収入が減りますね。

はい。そして結論として、**445万円が手元に残ります**。

けっこう手元のお金が減りますね。

では、登録番号を手に入れて、消費税を申告する場合を考えてみましょう。まずは原則的な方法をとった場合です。図2−12を見てください。

消費税額の計算が増えていますね。

受け取った消費税（50万円）から支払った消費税（5万円）を差し引いた金額（45万円）を納税します。

だから、45万円は支出となるのですね。

はい。そして、最終的には消費税の支出を踏まえて、**手元**

図2−13　消費税の計算例（課税事業者になる場合、簡易課税）

- 売上　550万円（消費税50万円）
- 経費　 55万円（消費税5万円）

- 消費税額　50万円 − 25万円[※] ＝ 25万円

（※）50万円×50％（第五種）＝25万円

- インボイス制度実施後の利益
  550万円 − 55万円 − 25万円 ＝ 470万円

には450万円が残ります。

これだと、免税事業者のままとたいして変わらないですね。

ですね。次に、簡易課税というものを選んだ場合について考えましょう。図2−13をご覧ください。

消費税額の計算が変わりましたね。

今度は、実際に支払った消費税を無視しています。

たしかに。そしてなにか計算式が入っていますね。

簡易課税では、**支払った消費税は、受け取った消費税を基準に計算式で求めます**。

受け取った消費税50万円に50％をかけていますが、この50％という数字はどう決まるのですか？

業種ごとに決まっていて、専門用語で「みなし仕入率」と言います。サービス業を前提とすると第五種という分類になって、50％になります。

図2－14　インボイス制度実施前後における手元に残るお金の比較

- インボイス制度実施前の利益　495万円

インボイス制度実施後

- 免税事業者の利益　445万円
- 原則課税を選んだ場合の利益　450万円
- 簡易課税を選んだ場合の利益　470万円

補足

2023年から簡易課税制度を選ぶ場合、

2023年中に届出が必要

半額になるのですね。

はい、50％の消費税を支払ったとみなされて、実際に納める消費税も差し引きで50％です。

結局、**手元には470万円残る**のですね。だいぶ増えました。

では、ここまでの結果を一覧で見ましょう（図2－14）。

こうしてみると、サービス業の場合は簡易課税を選ぶのが有利ですね。

消費税の申告の手間を考えた場合も、簡易課税のほうがラクにできることが多いですね。簡易課税を2023年10月から選ぶ場合には、2023年中に届出が必要です。

また書類を出さなくてはいけないのですね。

はい。正式には「消費税簡易課税制度選択届出書」

という書類です。インボイス制度は現在進行中のものなので、とくに2023年10月以降の詳細は国税庁のホームページなどで最新の情報を確認してください。

STEP❷ まとめ

・経費にするには、その支払いが仕事にどう関係するのかハッキリさせる
・支払いの見落としがないか、副業をしなくても支払いがあるものを探す
・今年支払っても来年以降の経費になるケースに注意
・インボイス制度で消費税申告をしたほうが、手元に残る資金が増えるケースがある
・節税も大事だが、それ以上に手元に資金を残すことが大事

Column

経費の科目はどうやって決める？

経費の科目は原則「なんでも」OK

ときどき、「この支払いは何費にしたらいいですか？」という質問を受けます。この質問に短く答えるなら「**原則としてなんでもいい**」です。

たとえば、給与という科目の中に通信費を入れるというのは、常識的に望ましくありません。しかし、消耗品費と雑費の科目で迷った場合などは、どちらに入れても問題ありません。

なぜなら、**最終的に経費はすべての科目を合計するので、どの科目に入れても、結論が同じだ**

からです。

科目の選び方の目安

とはいえ、なんでもいいと言われると選択肢が多すぎて困りますね。そこで、目安としての対応方法を解説します。

①青色申告決算書にあらかじめ書かれている科目から選ぶ

青色申告を前提とすれば、確定申告の際は青色申告決算書（図2−15）を書きます。青色申告決算書には、あらかじめいくつかの科目が書かれており、基本的にはそこから科目を選べばいいです。

そこで、売上、仕入は別として、⑧の租税公課から㉔の貸倒金、そして㉛の雑費から選べばいいです。

聞きなれないものとしては、租税公課があると思いますが、これは税金のことです。貸倒金は売上金の回収ができなかった場合に使うのですが、特殊なものですので、いったん無視してください。そして、雑費は「その他」くらいの意味合いです。

図2−15　青色申告決算書

区分	科目	番号	金額（円）	区分	科目	番号	金額（円）
	売上（収入）金額（雑収入を含む）	①		経費	消耗品費	⑰	
				経費	減価償却費	⑱	
売上原価	期首商品（製品）棚卸高	②		経費	福利厚生費	⑲	
売上原価	仕入金額（製品製造原価）	③		経費	給料賃金	⑳	
売上原価	小計（②＋③）	④		経費	外注工賃	㉑	
売上原価	期末商品（製品）棚卸高	⑤		経費	利子割引料	㉒	
売上原価	差引原価（④−⑤）	⑥		経費	地代家賃	㉓	
	差引金額（①−⑥）	⑦		経費	貸倒金	㉔	
				経費		㉕	
経費	租税公課	⑧		経費		㉖	
経費	荷造運賃	⑨		経費		㉗	
経費	水道光熱費	⑩		経費		㉘	
経費	旅費交通費	⑪		経費		㉙	
経費	通信費	⑫		経費		㉚	
経費	広告宣伝費	⑬		経費	雑費	㉛	
経費	接待交際費	⑭		経費	計	㉜	
経費	損害保険料	⑮			差引金額（⑦−㉜）	㉝	
経費	修繕費	⑯					

②オリジナルの科目をつくる

青色申告決算書は㉕～㉚の科目名が空欄になっています。ここにオリジナルの科目名を入れてもいいです。代表的な例としては次のようなものがあります。

・研修費（セミナーやコンサルを受けた場合）
・書籍費または資料費（書籍、ＤＶＤなどを購入した場合）
・会議費（打ち合わせの飲食費）
・セミナー諸経費（セミナーを開催する場合にかかった諸経費を集約する）
・車両費（車の維持にかかった諸費用〈ガソリン代、自動車税、自動車保険など〉を集約する）

いずれにしても、科目名については、あまり神経質にならず「だいたいこれかな」くらいの感覚で決めて問題ありません。

ただし、**一度決めたら、なるべくそのルールを継続してください**。不便になったら変更するのはいいですが、毎年ルールがバラバラというのは避けたほうが無難です。

Column

会計ソフトの活用に最低限必要な簿記の知識

会計ソフトを使いたいなら「簿記」の知識は必須

はじめは会計ソフトを使わない簡易な帳簿を推奨していますが、それでも会計ソフトが気になる方がいらっしゃると思います。ここでは、会計ソフトを使うために最低限必要な知識をお伝えします。

簿記の中でも「**複式簿記**」**と呼ばれるものの知識が必要**です。一般に簿記と言ったら複式簿記を指すので、入門書や解説サイトで簿記を見る場合は、複式簿記のことが書いてあると考えて大丈夫です。

複式簿記は、次の手順で行います。

①すべての取引を「仕訳《しわけ》」であらわす

たとえば、「交通費２００円を現金で支払った」ということを仕訳にすると、図2-16のようになります。

このように、仕訳は借方《かりかた》と呼ばれる左側、貸方《かしかた》と呼ばれる右側があります。いきなり借方、貸方と言われてもなじまないと思うので、ここでは借方を左、貸方を右と表記します。科目によって、左と右の役割が異なっています。最初は次の３つを覚えてください。

・現金・預金…左がプラス、右がマイナス
・売上…………原則として右に計上（左に計上したらマイナス）
・経費…………原則として左に計上（右に計上したらマイナス）

図2−16　交通費200円の仕訳

借方（かりかた）	金額	貸方（かしかた）	金額
交通費	200	現金	200

②仕訳された科目の合計を集計する

図2−16の仕訳は、交通費が２００円増えて、現金が２００円減った、ということを意味します。次に科目ごとの集計という視点に立って、交通費という科目の集計上２００円を追加して、現金という科目の集計上２００円を減少させます。

なお、事業用の通帳がある場合は、ここでの集計上の残高と実際の残高を一致させる必要があります。

③各科目の合計を一覧にする

一覧にしたものを試算表《しさんひょう》と呼びます。これで、売上や経費や利益を見ることができます。

以上の内容を踏まえて、さらに簿記の入門書などで、次にあげた内容が理解できれば、会計ソフトの実践に進めます。

・売掛金、買掛金、前払費用、未払費用

図2−17　「事業主貸」の使い方①

借方（かりかた）	金額	貸方（かしかた）	金額
事業主貸	1,000	預金	1,000

図2−18　「事業主貸」の使い方②

借方（かりかた）	金額	貸方（かしかた）	金額
1月31日　水道光熱費	20,000	現金または預金	20,000
2月28日　水道光熱費	22,000	現金または預金	22,000
（中略）			
12月31日　水道光熱費	19,000	現金または預金	19,000
12月31日（決算整理）　事業主貸	109,000	水道光熱費	109,000

・減価償却
・資産、負債、収益、費用の区別
・決算整理

個人事業主特有の科目「事業主貸」「事業主借」の使い方

なお、簿記の入門書には「資本の部」という解説がありますが、個人事業主の場合、資本という概念はないので、無視して大丈夫です。

かわりに、個人事業主に特有の考え方として、**「事業主貸」「事業主借」**という科目があります。これは、事業に関係ない動きを記録するときに使います。

たとえば、事業用の通帳でプライベートの支払い（1000円）をした場合は図2-17のようになります。

この場合の「事業主貸」にはとくに意味はありません。預金を減らさないと、実際の通帳と帳簿上の残高が一致しないため、便宜的に必要な仕訳です。

他にもプライベート部分を経費から外す際にも登場します。たとえば、132ページの図2-4を仕訳にあらわすと、図2-18のようになります。

これは水道光熱費のうち50%を経費にするという事例です。毎月の経費はいったん全額で計上して、最後に全体の50%を経費から外して、差引で50%経費となっています。

最後の50%を経費から外すときに、右は水道光熱費のマイナスなのですが、左に入れるべき科目がありません。そこで事業主貸という科目を便宜的に挿入します。

なお、基本的に左側が事業主貸、右側が事業主借となりますが、これは左右逆になったり、事業主貸と事業主借がゴッチャになっても、結論としての利益は同じになるので、あまり気にしなくて大丈夫です。

Column

副業の青色申告メリット総まとめ

得はあっても損はない、青色申告のしくみ

本書でもいろいろな場面で触れていますが、青色申告にはメリットがたくさんあります。その中でも、副業をするならとくに知っておきたいポイントを、ここで詳しくご説明します。

青色申告のメリット（事業所得になっていることが前提）

①特別控除が認められる（10万円、55万円、65万円）

②減価償却の特例（10万円～29万9999円の物）
③赤字の繰越ができる

①特別控除が認められる（10万円、55万円、65万円）

青色申告にするだけで、**必ず10万円の特別控除が認められます**。言い方を換えると「10万円×税率」だけ税金が少なくなります。

「10万円×税率」について、解説します。まず、10万円の特別控除というのは、事業所得の計算上で反映されます。「控除」ですので、マイナスにならない引き算です。

たとえば、事業所得が25万円だった場合、そこから10万円が控除されて、15万円の事業所得が出たものとして扱われることになります。言い換えると、事業の利益が10万円以上あって、はじめてこの特別控除の恩恵が受けられます。

78ページの「簡単だけど超大切な『申告』のしくみ」にそって考えると、この特別控除は「ステップ①各種所得の計算」に反映されます。

①の金額が10万円減ると、そのまま②の金額も10万円減ります。したがって、②－③の金額

も10万円減ることとなり、10万円減った金額に④の税率をかけますので、その分だけ税金が少なくなります。

これが、「10万円×税率」だけ税金が少なくなる理由です。

さらに複式簿記を理解して会計ソフトを使うことができれば、55万円や65万円の特別控除を受けることもできます。しかし、利益が少ないうちは会計ソフトを使う手間のほうが大きいので、ある程度の利益が出るようになってから検討すれば十分です。

②減価償却の特例（10万円～29万9999円の物）

138ページで30万円以上の物を買う場合には減価償却をすると言いましたが、じつはこれも青色申告の特例が関係しています。本来は10万円以上です。したがって、パソコンを1台買っても通常の減価償却をすることがあります。

しかし**青色申告をしていると、10万円～29万9999円の物でも、減価償却の特例で買った年の経費にできます**（詳細は173ページのコラムをご覧ください）。

図2−19　赤字の繰越の例

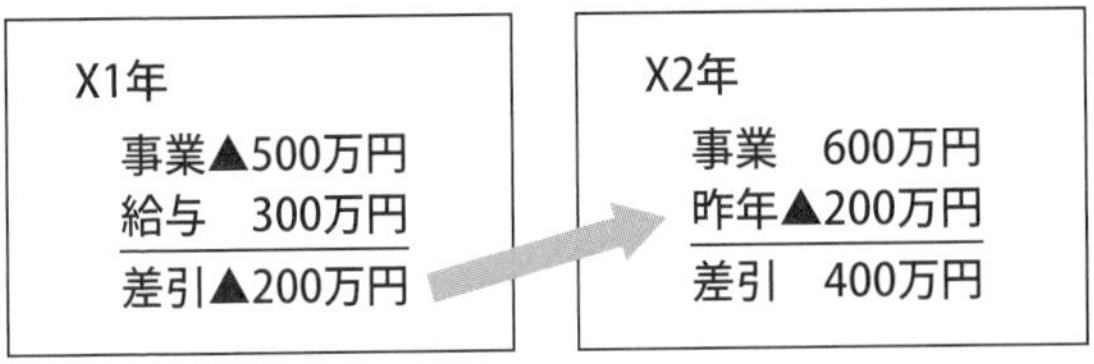

③ 赤字の繰越ができる

副業ではめったに発生しないことですが、一応触れておきます。ここで言う赤字というのは、**給与所得を超える金額の赤字が出た場合**のことです。

ちなみに、図1−10（88ページ）の源泉徴収票を見ると分かるのですが、給与収入（＝「支払金額」の部分に記載されている金額）と給与所得（＝「給与所得控除後の金額」の部分に記載されている金額）は違います。また89ページに書かれているとおり、税金の計算の際には給与収入ではなく給与所得の金額を使います。

一般的に副業の事業所得が赤字の場合、本業の給与所得と相殺した差額で申告をします。そのため赤字の繰越ができるのは、副業の赤字が本業の給与所得を上回ったときです。

現実的に起こり得るのは、副業が黒字化する前に独立した場合などです。また、赤字は、翌年以降3年間にわたって繰越できます。

具体例を見てみましょう（図2−19）。

ちょっと極端に見えるかもしれませんが、X1年の途中、給与所得300万円で会社をやめて独立し、X1年の事業で500万円の赤字、という例です。

X1年は引ききれない赤字が200万円あったので、翌年に繰り越せます。そしてX2年の事業は600万円の黒字になりました。そこで、繰り越してきた200万を引いた差額400万円に対して税金がかかります。

ここで疑問が出てきます。X1年は赤字なので税金はかかりません。では、申告は必要でしょうか?

結論は、必要です。申告をすることが赤字を繰り越すための条件になっています。

こうしてみると、**青色申告は得はあっても損はありません**。だから、STEP1で書いたとおり、期限に気をつけて、先に申請しておいたほうがよいのです。

Column

減価償却の考え方（発展編）

じつは減価償却がスタートするのは10万円から

減価償却について簡潔に説明するときは、青色申告を前提とすると、30万円未満と30万円以上で計算方法が変わる、と説明しています。

しかし、現実はもう少し複雑なので、ここで補足します。結論は図2-20のとおりです。いきなり見てもわからないと思いますが、この先を読みながら表もご覧ください。

本来は、10万円以上の物（仕入を除く）を買った場合、すべて通常の減価償却（耐用年数に

図2−20　減価償却の一覧表

		少額減価償却資産	一括償却資産※	通常の減価償却
10万円以上20万円未満	白色	×	○	○
	青色	○	○	○
20万円以上30万円未満	白色	×	×	○
	青色	○	×	○

※一括償却資産を選ぶと、償却資産税の申告対象外となる

図2−21　決算書への減価償却費の書き方

フリガナ
氏　名

整理番号

FA3050

○減価償却費の計算

（令和二年分以降用）

減価償却資産の名称等（繰延資産を含む）	面積又は数量	取得年月	（イ）取得価額（償却保証額）	（ロ）償却の基礎になる金額	償却方法	耐用年数	（ハ）償却率又は改定償却率	（ニ）本年中の償却期間	（ホ）本年分の普通償却費（ロ）×（ハ）×（ニ）	（ヘ）割得（特別）償却費	（ホ）本年分の償却費合計（ホ）×（ヘ）	（チ）事業専用割合	（リ）本年分の必要経費参入額（ト）×（チ）	（ヌ）未償却残高（期末残高）	摘要
自動車	0.0	年 月 R 4・10	円 3,000,000（　）	円 3,000,000	定額法	年 6	0.167	3月/12	円 125,250	円 0	円 125,250	% 70.00	円 87,675	円 2,874,750	
パソコン	0.0	R 4・10	220,000（　）	220,000				/12	220,000		220,000	100.00	220,000	0	措法28の2
一括償却資産	−	R 4・	150,000（　）	150,000	−	−	1/3	−/12	50,000	0	50,000	−	50,000	100,000	一括償却
		・	（　）					/12							

応じて計算する方法）を行います。

ところが、**10万円以上30万円未満の場合、特例として使用開始時に全額減価償却費とすることができます。**これを「少額減価償却資産」といいます。ただしこれは青色申告の場合しか使えません。

では青色申告を選ばなかった場合（白色申告）はなにもできないのでしょうか？

そんなことはなく、「一括償却資産」という制度があります。こちらは**白色・青色共通で、10万円以上20万円未満のものを買った場**

合に使える制度です。使用開始時から3年間に分割して経費にします。

たとえば15万円でパソコンを購入した場合、1年目・2年目・3年目にそれぞれ5万円を減価償却費とします。何月から使用開始しても、月割がありません。極端な話として12月31日に使いはじめたとしても、その年に3分の1は減価償却できます。

なお、少額減価償却資産も一括償却資産も、実際に行う際には、決算書にその旨を記載する必要がありますので、記載例を紹介します（図2－21）。

上から、通常の減価償却の自動車、少額減価償却資産を選択したパソコン、一括償却資産（資産名は記載の必要なし）です。

ちなみに、先ほど12月31日に「使いはじめた」と書きました。これは一括償却資産に限らず減価償却全体での注意なのですが、本来は**「買った年」ではなく「使いはじめた年」**で考えます。

たとえば、12月29日に通販でパソコンを注文した場合で、届くのが年明けになったときは、年内に使いはじめていないので、今年の経費にならない（今年は減価償却ができない）のです。

Column

「ふるさと納税」は節税なのか

手元にお金を残したいのなら「ふるさと納税」は悪手

節税、税金対策と聞いたときに、ふるさと納税を思い浮かべる人もいるかと思います。「ふるさと納税の限度額」という言葉もよく聞きますので、なんだか節税のひとつに聞こえるかもしれませんね。

では、実際節税になるのでしょうか？

結論から言うと、**節税にはなりません。**なぜなら、地方自治体に寄付することを条件に税金が減るからです。

ふるさと納税の本来の趣旨は、（ふるさとなどの）地方自治体に寄付をした場合、一定金額までは、自己負担２０００円として、それ以上の金額を税金から控除する、というものです。つまり、**お金の流れだけで見るならば、一定金額以内であっても、２０００円のマイナス**です。

ところが、実際はふるさと納税をする方は多数いらっしゃいます。なぜでしょう？

それは、返礼品があるからです。つまり、自己負担２０００円でそれ以上の返礼品をもらえたらいい、という考え方です。

返礼品の価値を考えれば実質プラスになるケースは多いですが、手元にお金を残したいという目的は果たせませんのでご注意ください。

STEP 3

月収20万円

「ついに独立！」の前に一度立ち止まろう

1 絶対におさえておきたい独立時の「おカネ」の事情

独立の「GOサイン」は存在しない

先生、ちょっとご相談がありまして……。私、勤めている会社をやめて独立しようか迷っているんです。

といいますと？

売上が順調に伸びてきて、副業だけで毎月の月収が20万円くらいになってきたんです。

はじめてお会いしたころからくらべると、だいぶ伸びてきましたね。

ありがとうございます！　でも、これ以上伸ばそうとすると、仕事の合間では厳しくて、そろそろ独立を考えたほうがよいのかと……。

なるほど。でも「いますぐ独立だ‼」って雰囲気ではなさそうですね。

そうなんです。どういう条件がそろったら独立していいのかがよくわからないんです。

たしかに、**「○○ができたら独立ＯＫ！」というような、明確なラインは引きづらい**ですね。

そういうものなんですね。

そこで、まずは独立したら大きく変わることを見ていきましょうか。

はい！　お願いします！

独立後、いちばんの変化は「自分で支払う」税金

会社員から独立した人をこれまでたくさん見てきましたが、いちばん戸惑っていたのは、**税金などの公的な支払い**についてですね。

副業の確定申告で税金を払う感覚はわかったのですが、独立した場合は変わってくるのですか？

だいぶ変わると思いますよ。会社員の給与って、いろいろ引かれていますよね？

図3−1　しおりさんの給与明細

給与支払明細書

20XX年01月

岡村しおり　様

労働日数		日
労働時間		時間
所定時間外労働		時間
支給額	基本給	300,000円
		円
		円
		円
		円
		円
	非課税通勤費	円
	合計	300,000円
控除額	所得税	6,800円
	住民税	10,000円
	健康保険	14,000円
	厚生年金	27,500円
	雇用保険	1,500円
		円
		円
		円
	合計	59,800円
差引支給額		240,200円

（注）控除額は概算

うーん、普段意識したことないからわからないけど……。今日は給与明細を持ってきているので、ちょっと見てもらっていいですか？

わかりました。注目してほしいのはこのあたりですね……。一般的に給与から引かれているものは次のとおりです。

給与から自動的に引かれているもの

- （源泉）所得税
- 住民税
- 健康保険料（＋介護保険料）
- 厚生年金保険料
- 雇用保険料

知らない間にけっこう引かれているのですね。独立したら、これらのものはどうなりますか？

まったく同じではないのですが、これに近いものを**自分で支払う必要があります**。

(再掲)図0−1　会社員のお金の流れ

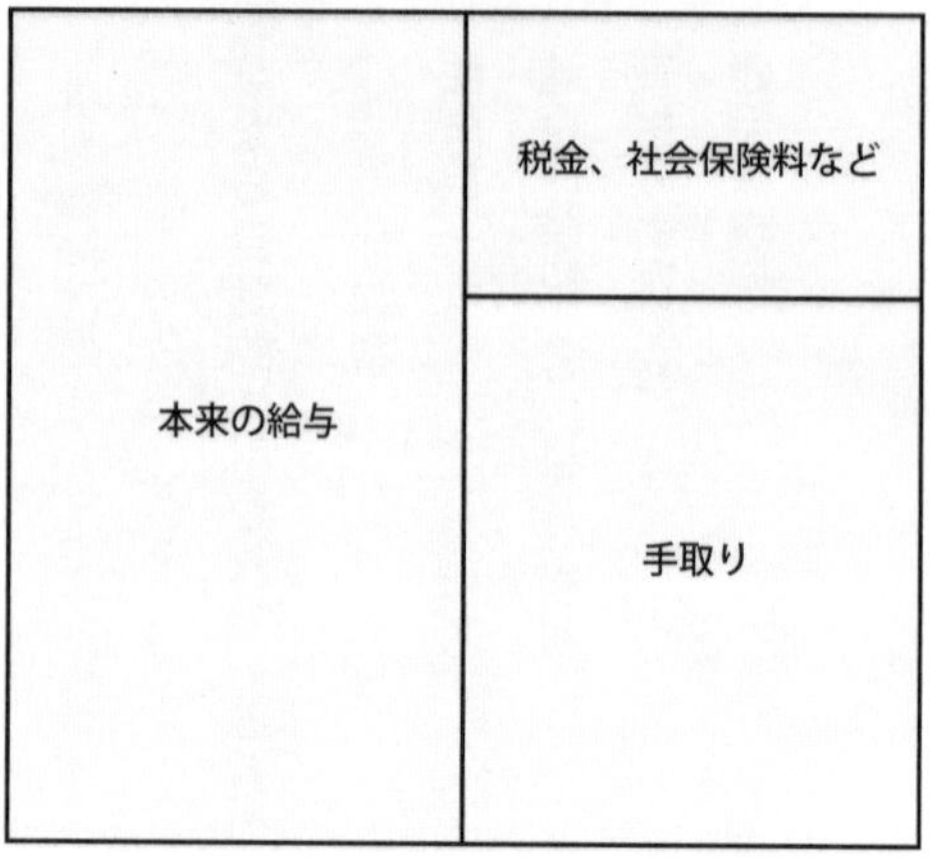

(再掲)図0−2　事業主のお金の流れ

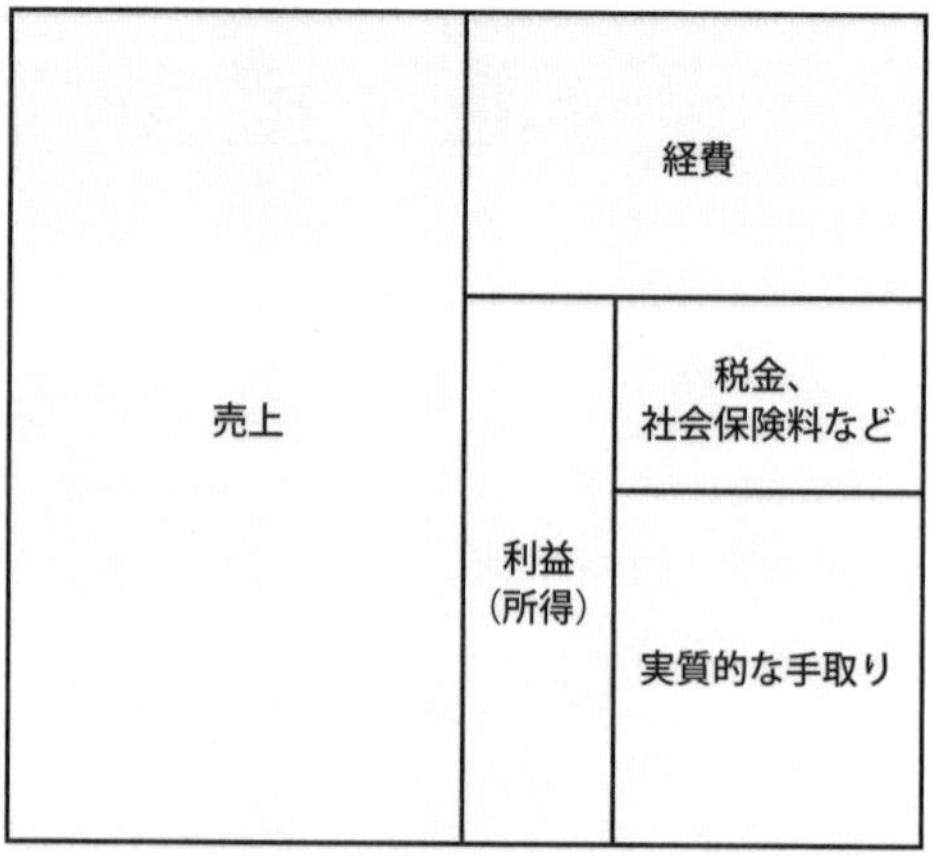

まあ、そうですよねぇ。

ところが、理屈としてはわかるのですが、支出が増えた感覚になると思います。

まだピンとこないですね。

では、改めて図0-1と図0-2を見返してみましょう。

図0-1は会社員のケースですね。

自分のところには、税金や社会保険料などが引かれたあとの金額が、最初の入金となります。

そうですね。この金額で生活する、という感覚ですね。

一方、会社をやめて独立すると、図0-2のようになります。

売上や経費が直接自分のところから出たり入ったりしますね。

そして、残ったお金の中から税金や社会保険料などを支払うことになります。

社会保険料に関する、会社員の隠れたメリット

ついでに言うと、**社会保険料（国民健康保険＋国民年金）は盲点になっている人が多い**で

すよ。

税金となにか違うのですか？

副業でも、利益が出たら税金がかかる、ということはイメージわきますよね？

はい。

では、副業で利益が出たとき、国民健康保険料を追加で払うとか、聞いたことありますか？

ないですね〜。

そうなんです。いまの法律では、**会社員が副業でどれだけ稼いでも、社会保険料は変わらない**のです。

ええ!?

じつはこれって地味だけど大きなメリットなんですね。さらに言うと、**会社員の社会保険料は、本人と会社が半額ずつ支払っている**のです。

会社が半分払ってくれているのですか!?

そうなんです。しかし、**会社をやめて独立したら、全額を自分で支払わないといけません。**

あぁ、その分は純粋に支払いが増えるのですね……。

ただし、会社員と自営業では社会保険料の計算方法が異なるので、一概には言えません。

独立するともれなく1年中襲われる「請求の波」

ところで、税金や社会保険料って、確定申告と関係ない時期にもいろいろ請求が来るのですか？

そのとおりです。スケジュールの一例を出しますね（図3-2）。

うわぁ、1年中、なにかの請求が来るのですね。

会社員の場合は毎月の給与から引かれていたものが、その都度請求されるようになります。

お金をきちんととっておかないといけないですね。

そうですね。とくに、**健康保険料と住民税は、確定申告をベースに計算するので、利益が増加した年の翌年に増額**します。

ということは、請求が来たときに売上が落ちていても、お構いなしですか？

図3−2　税金などの支払いスケジュールの例

月区分	合計	所得税	住民税 普通徴収	事業税	消費税	国民健康 保険料	国民年金
3月	426,100	176,100			250,000		
4月	16,000						16,000
5月	16,000						16,000
6月	144,750		68,750			60,000	16,000
7月	134,700	58,700				60,000	16,000
8月	188,500		68,750	43,750		60,000	16,000
9月	76,000					60,000	16,000
10月	144,750		68,750			60,000	16,000
11月	178,450	58,700		43,750		60,000	16,000
12月	76,000					60,000	16,000
1月	144,750		68,750			60,000	16,000
2月	76,000					60,000	16,000
合計	1,622,000	293,500	275,000	87,500	250,000	540,000	176,000

（注）前年の所得は事業所得400万円、所得控除130万円としての概算

はい。実際、利益が出ているときにお金をどんどん使ってしまい、請求が来たときにはお金がなくなった、という事例も見たことがあります。

あれ？　もしかして……。

どうしましたか？

住民税は翌年の請求なんですよね？

そうです。

これって、会社員も同じですか？

はい。

ということは、退職した次の年で売上がゼロになっても、会社員時代の給与をベースにした住民税が

請求されますか？

するどいですね！　そのとおりですよ。だから、**退職金などで、翌年の住民税分のお金をしっかりストックしておかないといけません。**

うわぁ……。独立するのもラクじゃない。

2

じつはあまり知られていない「法人化」のリアル

「なんとなく」の法人化は絶対NG！

話はガラッと変わるのですが……。独立するときって、法人をつくらないといけないのですか？

おぉ、大きなテーマで来ましたね。これ、ちゃんと答えようとすると20ページ使いますけど、いいですか？

ええ!? 私はただ、なんとなく、独立するときは法人にするものかな、って思っただけで、深い意味はないんですけど……。

じゃあ、法人つくるのはやめましょう。

はやっ！

なんとなくで法人をつくるのは絶対オススメしません。

法人化で節税ができるのは、10人にたったひとりだけ

私みたいにひとりで仕事をする人が法人をつくる理由ってなんですか？

いい質問ですね。私の経験上、個人事業を行っている人が法人をつくろうとする理由は、次の3つのどれかです。

個人事業主が法人をつくる理由トップ3

①手元に残るお金を増やすため（いわゆる節税目的）
②取引先の都合（法人でないと取引しない、など）
③会社を経営している、ということでモチベーションをあげる

うーん、私なら、①の節税ができたらいいな、くらいの気持ちですね。

私のところに相談に来る方は、ほとんどがそう考えています。

その場合、実際にどのくらいの方が本当に法人化されているのですか？

非常に少ないですね。相談全体からすると、10％くらいです。

それは、利益が少ないからですか？

それもありますね。

だいたい利益がどのくらい出たら、法人にしたほうがいいですか？

難しい質問ですね。個人事業としての収入だけの人で、**年間利益をベースで考えると、だいたい７００万円くらいで手取りが同じくらいになります**。

じゃあ、年間の利益が７００万円を超えたら法人化すればいいですね！

話はそう簡単にいかないのですよ。ここからはさまざまな意見がありますが、私は**節税目的（外に出るお金を減らす目的）で法人化するなら、年間利益１２００万円くらいがいいと考えています**。

ずいぶん違いがありますね。これを解説するには、もう少し法人化についてお話しする必要がありますが、いいですか？

はい、お願いします。

法人になるメリット・デメリット

法人になると、どんなことが変わるのですか？

いろいろ変わりますよ。メリットとデメリットに分けてお話しします。

法人化の主なメリット

・対外的な信用度があがる
・同居の家族への給与や外注費を経費にするハードルが下がる
・経営者への出張の日当が支払える
・賃貸住宅に法人契約で住めば、社宅扱いとなり、経費にできる割合があがる
・条件を満たせば、生命保険料（の一部）を法人の経費にできる

私の場合、社宅の部分が使えそうな気がするけど、それ以外はあんまり……。

まあ、ぶっちゃけ言えば、**対外的な信用度という話以外はオマケ**ですね。

オマケですか⁉

他の理由で法人化したら、オマケとしてこんなこともありますよ、くらいの感じです。

これらを理由に法人化するほどでもないのですか？

そういうことです。続けてデメリットにいきますね。

法人化の主なデメリット

・役員報酬を事前に毎月固定で設定する必要がある（原則として変更は年1回だけ）
・利益が減少して、前記の給与が払えなくても、支払ったものとして、個人の税金や法人での社会保険料の支払いがある
・赤字でも法人住民税がかかる（年間7万円程度）
・事業とプライベートのお金の区別を、個人事業主以上に明確にする必要がある
・税金以外に社会保険についても、毎年自分で手続きする必要がある（社会保険労務士に代行依頼可能）
・設立時、その後住所変更などがあるたびに、登記の必要がある（自分でできない場

合は司法書士に代行依頼可能）

いろいろ面倒ですね……。というか、よくわからないものもあります。

ですよね。これらをきちんと説明しようとするとけっこう時間がかかります。

そうですか……。

先ほど、年間の利益７００万円で単純なお金の出入りは同じくらいになるものの、実際に法人化するのは年間の利益１２００万円くらいがいいと言いました。

そうでしたね。結局、どうしてなんですか？

いまの時点でひとつだけシンプルに伝えるならば、**「利益は毎年変動する」**からです。

言われてみれば、そうですね。

あるとき利益が７００万円あって法人化しても、次の年で利益が５００万円になることもあるのです。ということは、せっかく法人をつくってもその後すぐに業績が悪化して、法人を持つ（金銭的）メリットがなくなることもあります。そこで、**安定して７００万円以上の利益を得られるひとつの目安として、まずは１２００万円くらいの利益が出ている、ということを私はオススメしています。**

そういうことなのですね！

3

独立は「目的」ではなく「過程」！しっかり先を見据えて考えよう

独立しても、安定収入の保証はない

聞いてて思ったんですけど、給与と違って事業は売上に波がありますよね。

そうですね。

だから、売上があがれば収入が増えるけど、売上がなくなれば、収入は減りますよね。

それって、世の中の個人事業主でも会社経営者でも、不安はないのですか？

メッチャありますよ！

やっぱりそうですよね……。

業種にもよるけど、突然収入源が絶たれるというケースもあります。

うわぁ……。

たとえば、しおりさんのように動画で収入を得ている場合、突然動画サービスが終了したらどうしますか？

え⁉　そんなこと、考えたこともなかった。

なくなるまではいかなくても、支払いのルールが突然変わる、という可能性だってあります。

やだ、やだやだやだやだ‼

べつに脅かしたいわけじゃないんですけど、実際そういうことで収入が激減した人を見てきているので……。

先生、独立しようとしている人を止めるためにこの本書いていませんか？

いえいえ、そんなつもりはないのですが、**リスクは知っておいたほうがいい**、という意味合いで話をしています。

もしものときのリスクに備える

——「売上何か月分あれば、一応安心？」

リスクがあることはわかりました。

よかったです。では次の質問です。しおりさんが独立したとして、もしあるとき突然売上がゼロになってしまった場合を考えましょう。

いやだけど、考えます。

そのとき、いくら備えてあったら、一応の安心があると思いますか？

ええ!?　うーん、えーと……。

では質問を変えますね。これは、私がコンサルタントの勉強をしているときに教わった質問の方法です。**売上がゼロになった場合に、売上の何か月分の備えがあったら、一応の安心があると思いますか？**

そうですねぇ、根拠はないけど、3か月？

ほら、今度は出てきた。

ホントだ！

この問題に正解はないのですが、**仮説でもいいから、備える目安は決めておいたほうがいい**です。独立前にそれくらいの備えをしておく、というのが準備のひとつなので。

なるほど。漠然とお金がなくなったら怖い、じゃなくて、ひとまずの目標を決めておくのですね！

「衣食住が満たされた先をイメージできるか」が独立の決め手

会社員の給与がなくても十分な収入が見込める、その収入から税金なども払える見込みがある、もしものときの備えがある。ここまで来たら独立してもよいのですか？

あと一歩ですね。

これだけそろってもダメなんですか？

絶対ダメとは言わないですし、おそらくその状況で独立しても、問題なく生活できるケースはたくさんあると思います。ですので、ここからは応用編という意味合いも出てくるのですが、できれば事前にここまで考えてほしいな、という感じです。

なるほど。それで、どんなことを考えるのですか？

「衣食住が満たされた先になにがあるか？」です。

？？？？？

ポカーンとしてますね。

なんか、ぜんぜんイメージがわかないんですけど……。

そうですね。独立前にここまでイメージするのは難しいかもしれません。独立したときに悩むことのひとつが金銭的な問題です。

給与がなくても暮らしていけるか、という話ですね？

そうです。いきなりうまくいく場合もあれば、思いの外うまくいかない場合もあります。副業時代と違い、給与という大きな収入の柱がなくなるので、事業だけで生活費を確保しなければなりません。すると、生活のために、あまり気持ちがのらない仕事も、ある程度はやらざるを得ない可能性があります。

そうか、**副業だったら、本当にやりたい仕事だけやっていても、金銭的なリスクは少ないですけど、独立したらそうもいかない**のですね。

そうなんです。あとは程度の問題になりますが、場合によっては「生活はできるけど、そんなにやりたくない仕事の比率が増えてしまった。税金や社会保険料の支払いは容赦なくやってくる。なんのために独立したんだろう?」となってしまうこともあります。

それはイヤですね……。

別のケースも話しましょうか。

お願いします。

今度は、比較的やりたい仕事を順調に増やした場合です。

いいですね〜。

金銭的な問題はなくなり、仕事もやりがいがある。

理想的じゃないですか!

その場合にやってくるのは「飽きる」という現象です。

飽きる、ってどんだけ贅沢なんですか!!

ちょっと大げさに言いすぎましたね。さすがに「飽きる」は極端なのですが、**「なんのためにこの仕事をやってるんだろう?」って思うときがくる場合があります**。

はぁ……。アタマではわかるけど、私にはまだ先の先って感じです。

ですよね。私だって、ここまでわかって独立したわけじゃないですから。

そうなんですか？

私の話は別の機会に……。

独立するのはなんのため？

先生、私、独立したほうがいいのか、わからなくなってきました。

最初から迷っている、とおっしゃっていましたよね。

そうなんですけど、金銭的な部分しか考えていなかった、ということに気づきました。

なるほど。それは大事なところに気づきましたね。

お金については、具体的な数字で目安があるから、まだどうにかなるのですが、さっきの話はゴールがないですよね。

そうですね。たとえば、「できるだけ好きな仕事をしていたい」というところに重きを置くのであれば、じつは副業がいちばん有利かもしれません。たとえば作家の場合、独立したら、少なくとも生活費が入る作品を定期的につくらないといけませんが、副業なら、気が向いたときに書きたいものを書けます。

極論、売れなくても金銭的に困らないですものね。

ですので、**自分の意志で会社をやめて独立するのであれば、その後の目的とか夢とか世界観とか、そういうものを決めておく**ことをオススメします。

わぁ、なんか急に話が大きくなった！

人によっては、こういう話をすると、変な力が入っちゃう人もいますね。

どんなふうにですか？

立派な夢を掲げないといけない、そのとおりにならなかったらどうしよう、とか。

たしかに。私もまだ「こうだ！」とは言えないけど、なんかカッコいいものをつくらないと、と思ってました。

立派でなくても、ボヤッとしててもいいので、「いまはこんな感じ」というのでもいいです。なにか掲げておくことが大事です。そして、時間がたったら、それは変わってもよいのです。

そう言われると、安心しますね。

あるいは、壮大な夢とはいかなくても、**「こういう仕事はする」「こういう仕事はしない」**という基準でもいいです。

こちらは現実的ですね。

ここも、ある程度の目安がないと、「なにか儲かる仕事はないか?」という感じで、だんだん優先順位が「儲かる仕事」になってしまうんです。

儲かることは大事だけど、それがいちばんになってしまったら……。

ここは微妙なニュアンスではあるのですが、「これまでの経験や能力と関係なく、単純に儲かることに走ると危険だ」という意味です。

たしかに。私だったら、いまは動画を作成して多くの人に見てもらう、ということをしていますけど、ある日突然「不動産投資で儲けよう!」とか言い出したら、違和感ありまくりですね。

そういうことです。

はじめは「こういうことできたらいいな」くらいではじめた副業ですけど、いざこれで暮らしていくとなると、心構えも変わってきますね。

心構えが変わるというと、なにか大変なイメージがあるかもしれませんが、そこが固まると、目指す未来と現在のギャップがわかるので、やるべきことが具体的になるのです。

ギャップがわかったら、それをひとつずつ埋めていくのですね。

そうです！

なんだか道が開けてきたような気がします！　先生、ありがとうございました！

STEP❸ まとめ

- 「収入＝手取り」ではない
- 会社をやめて独立するとき、すぐに法人をつくらなくてよい
- もしもの備えも考えつつ、採算がとれるかを意識しよう
- 独立する際には、目的をもう一度考えよう

Column

法人化でどのくらい税金は変わる?

個人事業主と法人の手取り比較

本文中で、年間の利益700万円くらいで、法人と個人の手取りが同じくらいになって、安定した利益を考慮して年間1200万円程度で法人化をしたほうがいい、と書きました。

では、実際の数字で見たらどのくらい違うのでしょうか?

計算例を紹介します。

図3−3　税金を払ったあとに残るお金の比較
（年間利益700万円、社長報酬600万円）

■個人事業

事業所得700万円（青色申告特別控除65万円控除前）、所得控除152万円とした場合の概算

（単位：万円）

所得税	55
住民税	49
事業税	21
税金小計	125
社会保険料（国民健康保険、国民年金）	104
合計	229
個人の手取り	471

※年齢は40〜64歳とした
※国民健康保険は東京23区の概算

■法人化した場合

社長の報酬・社会保険を考慮しない時点での利益を700万円、社長の報酬600万円とした場合

（単位：万円）

法人税・法人住民税・法人事業税	9
会社負担の社会保険料	90
法人としての負担小計	99
個人の所得税、住民税	51
個人負担の社会保険料	90
	141
合計	240
法人に残る金額	1
個人の手取り	459

※2022年9月現在の東京都の社会保険料で計算（協会けんぽ）
※均等割は7万円とした

年間利益７００万円の場合（図3−3）

個人事業のほうが手元に残る金額が多いですが、ほぼ均衡しています。

年間利益１２００万円の場合（図3−4）

個人事業の場合と法人の場合、どちらも残る金額はほぼ同じになっています。

● 法人にお金を残すことで税金を少なくできる

では、利益１２００万円では法

図3-4　税金を払ったあとに残るお金の比較
（年間利益1,200万円、社長報酬1,050万円）

■個人事業

事業所得1,200万円（青色申告特別控除65万円控除前）、所得控除170万円とした場合の概算

（単位：万円）

所得税	168
住民税	98
事業税	46
税金小計	312
社会保険料（国民健康保険、国民年金）	122
合計	434
個人の手取り	766

※年齢は40～64歳とした
※国民健康保険は東京23区の概算

■法人化した場合

社長の報酬・社会保険を考慮しない時点での利益を1,200万円、社長の報酬1,050万円とした場合

（単位：万円）

法人税・法人住民税・法人事業税	11
会社負担の社会保険料	132
法人としての負担小計	143
個人の所得税、住民税	158
個人負担の社会保険料	132
	290
合計	433
法人に残る金額	7
個人の手取り	760

※2022年9月現在の東京都の社会保険料で計算（協会けんぽ）
※均等割は7万円とした

人化しても手元に残るお金は増えないのでしょうか？

じつはここでもうひとつの視点があります。

先の2つの事例では、法人は**社長の報酬、社会保険料や税金を支払ったうえで、残るお金をほぼゼロにする**、という前提で計算しています。

一方で、**法人にお金を残すということもできます**。将来の挑戦や利益が減少したときのための備えを法人に残すという方法です。

今度は、同じ利益1200万円でも、社長の報酬額を800万円とした場合の数字を見てみましょ

図3-5　税金を払ったあとに残るお金の比較
（年間利益1,200万円、社長報酬800万円）

■個人事業

事業所得1,200万円（青色申告特別控除65万円控除前）、所得控除170万円とした場合の概算

（単位：万円）

所得税	168
住民税	98
事業税	46
税金小計	312
社会保険料（国民健康保険、国民年金）	122
合計	434
個人の手取り	766

※年齢は40～64歳とした
※国民健康保険は東京23区の概算

■法人化した場合

社長の報酬・社会保険を考慮しない時点での利益を1,200万円、社長の報酬800万円とした場合

（単位：万円）

法人税・法人住民税・法人事業税	67
会社負担の社会保険料	118
法人としての負担小計	185
個人の所得税、住民税	92
個人負担の社会保険料	118
	210
合計	395
法人に残る金額	215
個人の手取り	590

※2022年9月現在の東京都の社会保険料で計算（協会けんぽ）
※均等割は7万円とした

う（図3-5）。

これで法人化したほうが、個人と法人で残った金額の合計が多くなりました。

このように、法人化の場合は、**個人と法人のどちらにお金を残したほうが税金などが少なくなるか**、という論点があります。

しかし、これらは予定どおりにできることを前提としています。現実は、予想したとおりの利益が出るとは限らないので、法人をつくってお金を手元に残すのは、思ったほど簡単ではありません。

Column

法人から個人事業主への戻り方

「個人に戻る」のは可能、でも手間はかかる

法人化についてはこの本を含めてさまざまなところで書かれていますが、「法人をやめて個人事業主に戻ることはできるのか?」という話は、意外と書かれていない気がします。

結論から言うと、できます。

法人をなくすという手続きが存在して、**解散・清算という2段階の手続き**です。その後に個

人事業の開業手続きをとれば、個人事業主に戻れます。

解散・清算は会社を設立するときと同様に、法務局で一定の手続きをします。そして、税務署などにも最後の申告をします。

解散・清算は設立よりも手間が多く、私自身も法人設立にくらべるとはるかに経験事例が少ないです。

また、一般に小さな会社が法人をやめるときは経営状態が思わしくない場合が多く、正式に解散・清算を司法書士などに依頼するお金がないことも多いです。

では、どうしたらいいのでしょうか？

法律上の正式な手続きではないのですが、「**休眠**」という手続きをとることがあります。税務署など、申告書を提出するところに休眠する旨を届出するだけです。それとあわせて個人事業の開業手続きをとって、法人から個人へ移ることがあります。

ただし、法的に会社は残っており、申告などの義務が完全になくなったわけではないので、注意が必要です。

Column

税務調査は恐るるに足らず

税務調査はほとんどの場合、事前に連絡がある

税務調査と聞くとドキッとしませんか？

ある日突然怖い人がやってきて、犯罪捜査のように取り調べを受けるようなイメージ、ありませんか？

一般的な税務調査では、そのようなことはありません。あくまで申告が正しく行われている

かを確認するための調査です。

ほとんどの場合は事前に連絡があり、調査の対象となる申告の期間を明確にして、税務署の調査官と納税者の都合のいい日を調査の日と決めて行われます。税理士に申告を依頼している場合には、税理士も同席します。

まれに予告なしで調査官が来るケースがありますが、これは事前に準備をされては困るケースです。悪質な脱税の可能性がある証拠をつかんでいる場合や、現金・商品の在庫など、日々動くものを見たい場合です。

逆に通常の調査は、押し入れや倉庫の奥深くに保存している領収書などを事前に取り出しておいてもらったほうが、すぐに調査を開始できるので、調査する側も都合がよいのです。

小規模な個人事業主が税務調査を受ける確率は1％に満たないくらいなので、過度に心配することはありません。でも、「そうか、確率が非常に低いなら、自分は安全だろう」と、明らかにプライベートな出費をどんどん経費に入れるような処理はやめましょう。

Column

税理士に依頼するベストなタイミング

税理士に確定申告を依頼するメリット・デメリット

「税理士に確定申告を頼むのは、どのくらいの利益が出たころがいいでしょうか？」

ときどきこのような質問を受けることがあります。私は**「頼みたいと思ったら頼めばいい」**と答えます。

では、具体的に自分で行う場合と税理士に頼む場合ではどのように違うのでしょうか？

およそ次のようなメリット・デメリットがあります。

自分で申告する場合

メリット

・費用が安い（会計ソフトを使っても年間1万円程度）

・リアルタイムで利益を把握できる

デメリット

・手間がかかる

・最新情報、正しい知識を自分で調べる必要あり

税理士に依頼する場合

メリット

・手間がかからない（自分の時間が増える）

・最新情報、正しい知識を追いかけなくていい

・最適な方法で申告してもらえる

デメリット
・費用がかかる
・相手のサービスの質次第
・依頼する税理士によっては、かえって時間がかかることがある

これらを踏まえて、税理士に依頼する場合に注意するポイントを紹介します。

①料金体系

一般に、依頼する内容が多ければ料金は高くなります。たとえば、会計ソフトの入力をすべて行うのと、自分である程度行うのでは変わってきます。

その他、相談については無料の範囲と有料の範囲がありますので、事前に確認することをオススメします。

②税理士の確定申告に対するスタンス

税理士によっては、完全な入力（記帳）代行しか行わない人や、逆に入力は原則本人が行う

ことを求める人がいます。これはどちらがいいというものではないのですが、方針を知っておくことは大事です。

③ なにを求めるか？

②とも関連しますが、「自分はなにをしてほしいのか？」を明確にしておくことが重要です。申告書の作成をする、というサービスはどの税理士でも提供してくれます。しかし、申告に関連する税務処理・節税などは、状況や本人の希望がわからないと税理士からは提案できません。

④ その他

自分から税理士にマメに連絡をとったり質問をしたりしていると、税理士側も「この人にはこういうことができそう」と思いつく可能性が高くなります。

確定申告には公的なサポートサービスも利用できる

なお、税理士に依頼する以外にも、確定申告に対する公的なサポートサービスがあります。

主な特徴は次のとおりです。

① 青色申告会、商工会議所などの会員向けサービス

・格安で確定申告のサポートを受けられる
・対応する人は税理士とは限らない
・その場限りの関係（単発の相談）だと、無難な回答にとどまる（踏み込んだ提案がしづらい）
・相性のよい人からの継続サポートを狙う

② 無料の記帳指導

・税務署、商工会議所が主催（地域によって1年目限定などの制限あり）
・青色申告の55・65万円控除ができるようになる
・希望者多数の場合、抽選になる
・開催時期が限られている

税理士や公的サービスをうまく利用して、確定申告に関する不安を解消してください。

エピローグ

――ＳＴＥＰ３の相談から５年後

独立しようか、税理士の先生に相談してから5年。
私は、独立を検討している人を支援する立場になりました。
動画配信の広告収入からはじまった事業は、
いつの間にか、動画を活用して起業したい人の支援につながりました。

いまの私を見ていると、順風満帆に見えるかもしれませんが、
決していいことばかりではありませんでした。

この5年間、紆余曲折ありました。
会社をやめる、とまでは決断ができず、
会社員と副業のいいとこどりの暮らしを続けていたある日、事件は起きました。
突然の会社の事業廃止。

「え、わたし、無職になるの……」

副業での収入があるから、いきなりゼロにはならないけど、
それだけでは足りないし、どうしたものか……。
そこで思い出したのが「なんのために動画配信をしているのか？」という先生の言葉です。

再び先生のもとへ相談に行きました。
ひとりで考えていても進まない部分を一緒に考えて気づかせてもらい、
「なんのために事業を行うか？」という部分をハッキリさせて、そのために行うべきことを

整理しました。すると、課題がどんどん出てきました。

さらに、売上と利益の計画も一緒に見てもらいました。
計画どおりいけば、一時的に貯金を切り崩しても、生活はできる。

これで不安はなくなりました。
理想の未来を見つめつつ、目の前の課題をひとつずつ進める。それの繰り返しでした。

気づけばいままでは、自分の生活が安定したのはもちろんのこと、
新たに開業したい人の支援という新たなニーズがやってくるようになりました。

これからも、「世の中の型にはまらなくて、不自由な思いをしている人の支援」を続けていきます。

しおり

おわりに

副業の確定申告に関する書籍。私が最初に執筆依頼を受けたとき、ありそうでなかったテーマだと感じました。

基本的に副業の場合であっても、確定申告に関して必要な情報はフリーランスの場合とほとんど変わりません。なので、あえて副業を表に出してなにかをしようと思った経験はありませんでした。ところが、この本の依頼を受けた直後に、副業の確定申告に関するセミナーの依頼も受けました。

私は２００９年の開業当時の、いまほど副業が世の中に認識されていない時代から、副業をしている個人事業主の確定申告依頼を受けていました。そして、自分自身も最初は副業という形で税理士事務所をはじめました。

本書に登場したしおりさんの境遇は、自分の経験を重ね合わせています。

私が税理士試験に受かったときには、経理職でベンチャー企業に勤めていました。そのまま副業として事務所をたちあげ、売上がゼロの時代をがんばって乗り越えて、軌道にのりはじめた矢先に、勤めていた会社が実質的に廃業となりました。

自分の場合は、たまたまその会社に関係していた人から経理職のオファーを受けたので、週の半分は会社員、半分は税理士事務所の代表として活動する時期がありました。そこから完全な独立を果たし、いまに至っています。

本書の内容は、2022年10月現在の法律その他の情報にもとづいて記載しています。

それ以降の改正などは、私の執筆するメルマガなどで順次掲載していきます。メルマガは複数発行していますが、すべてこちらから申し込めます。また、メルマガへの記事リクエストも随時受け付けています。

本書カバーの著者紹介にURLとQRコードがあります。興味のある方は、裏表紙を開いてみてください。

本書の執筆にあたり、多くの方にお世話になりました。本書の企画提案から、文章の確認、内容案の話し合いや提案など、細やかなサポートをしてくださった、株式会社東洋経済新報社の近藤彩斗様、執筆の時間確保に協力してくださった当事務所（福島宏和税理士事務所）のスタッフ、生活全般をサポートしてくれた妻と子ども、そして内容のアイデアとなる質問をしてくださったメルマガなどの読者のみなさまや当事務所のお客様、本当にありがとうございました。

この本は税金に関する本という位置づけではありますが、「副業をなぜ行うのか？」ということも書かせていただきました。そこがブレてしまうと、単純に売上ばかりを追い求めてしまい、がんばっても幸せになれません。

また、その後に事業だけで生計を立てるイメージがわくようなことも書かせていただきました。

この本が少しでも副業をされる方の不安を和らげて、前に向かう原動力となれば幸いです。

福島宏和

副業にはたったこれだけ!

「13のやること」チェックシート

STEP0　月収0円

- [ ] 副業をする理由を明確にする
- [ ] 売上と経費(副業のために支払ったお金)を把握する
- [ ] レシート・領収書をとりあえず保管しておく
- [ ] 事業専用の通帳・クレジットカードをつくる

STEP1　月収1000円

- [ ] 開業届を提出する
- [ ] 青色申告の承認申請を提出する
- [ ] レシートに加えて、PDFファイルの領収書も保存する
- [ ] エクセルで売上・支払い(経費)を記録する

STEP2　月収2万円

- [ ] 支払いをしたら、「これは仕事に関係ある?」と考える
- [ ] 通帳・カード明細・過去のスケジュールを確認して経費にできる支出を探す
- [ ] インボイス制度の登録を検討する

STEP3　月収20万円

- [ ] 一気に増える税金の支払いに備える
- [ ] 独立したその「先」を考えてみる

【著者紹介】

福島宏和（ふくしま　ひろかず）

個人事業主・確定申告専門税理士。

日本初の個人事業主専門確定申告代行サービスを提供（広島から全国対応）。

累計申告数1300件以上。

1976年群馬県生まれ。2009年独立開業。

「税理士は敷居が高い」「税理士は自分で帳簿記入できない人は相手にしない」といった先入観をなくすことをモットーに、読者やお客様に寄り添ったわかりやすい説明と、お客様のメンドウな作業を最小にできるような工夫を行っている。

現在は確定申告に加えて、フリーランスなどの資金繰り、利益の計画管理、コーチングによる課題発見・解決を通じて「本業に専念できる環境づくり」に貢献している。

著書に『フリーランス・個人事業の絶対トクする！　経費と節税』（ダイヤモンド社）、『これって経費になりますか？』（税務経理協会）がある。


副業をはじめたいんですけど、税金ってどうしたらいいですか？

2023年 2 月 9 日　第 1 刷発行
2024年 10 月 9 日　第 2 刷発行

著　者――福島宏和
発行者――田北浩章
発行所――東洋経済新報社
〒103-8345　東京都中央区日本橋本石町 1-2-1
電話＝東洋経済コールセンター 03(6386)1040
https://toyokeizai.net/

ブックデザイン……bookwall
イラスト…………森下えみこ
ＤＴＰ…………アイランドコレクション
印　刷…………港北メディアサービス
製　本…………積信堂
編集担当………近藤彩斗
　ISBN 978-4-492-73364-6